[期货投资者教育系列丛书]

小麦

中国期货业协会　编

中国财政经济出版社

图书在版编目（CIP）数据

小麦/中国期货业协会编．—北京：中国财政经济出版社，2011.11
（期货投资者教育系列丛书）
ISBN 978-7-5095-3183-9

Ⅰ.①小…　Ⅱ.①中…　Ⅲ.①小麦-期货交易-基本知识　Ⅳ.①F830.9

中国版本图书馆 CIP 数据核字（2011）第 209370 号

责任编辑：胡　懿　　　　责任校对：黄亚青
封面设计：陈　瑶

中国财政经济出版社出版
URL：http：//www.cfeph.cn
E-mail：cfeph@cfeph.cn

社址：北京市海淀区阜成路甲 28 号　邮政编码：100142
营销中心电话：010-88191537　财经书店电话：64033436
北京中兴印刷有限公司印刷　各地新华书店经销
787×960 毫米　16 开　14 印张　210 000 字
2011 年 12 月第 1 版　2018 年 5 月北京第 2 次印刷
定价：34.00 元
ISBN 978-7-5095-3183-9/F·2693
（图书出现印装问题，本社负责调换）
本社质量投诉电话：010-88190744
打击盗版举报热线：010-88191661　QQ：2242791300

期货投资者教育系列丛书编委会

总 序 言

近年来，在党中央国务院的正确领导下，随着《国务院关于推进资本市场改革开放和稳定发展的若干意见》的深入贯彻落实，我国期货市场显现稳步较快发展的良好局面。但是由于当前我国期货市场“新兴加转轨”的特征依然突出，市场制度和结构仍存在缺陷，风险防范和化解的自我调节机制尚未完全形成，市场主体发育不成熟，我国期货市场的整体波动和投机性仍较强，这些都对期货市场的改革发展提出了新的挑战。

与此同时，在新的市场环境和对外开放的条件下，随着我国期货市场规模的不断发展壮大，国内市场与国际市场的联系日趋紧密，影响期货市场运行的外部因素也更为多样化和复杂化，由美国次级债危机引发的国际金融市场动荡不安，国内外商品市场价格频繁而剧烈的波动，都增加了期货市场风险控制和日常监管的难度，给我国期货市场的稳定、健康运行带来了新的挑战。

在这样一个新的形势下，期货市场的持续活跃和规范运作吸引了许多新的市场参与者，期货市场的开户数快速增长，特别是新入市的个人投资者比重较大且呈持续上升趋势。大宗商品和资产价格的频繁剧烈波动也使越来越多的企业开始意识到利用期货市场进行风险管理的重要性。但是由于对期货市场的交易特点和运行机制缺乏详细了解，同时风险意识淡薄，受期货高杠杆、高回报的诱惑，而忽视了期货的高风险特征，导致了非理性投资行为上升，产生了不必要的损失。投资者是期货市场的重要主体，期货市场的发展离不开投资者的积极参与，特别是成熟投资者的参与。因此，在当前我国期货市场的快速发展时期，做好投资者教育工作更加意义深远。

做好投资者教育工作，既是保护投资者合法权益，促进期货市场稳步发展的客观需要，也是加强我国期货市场建设、促进市场稳定运行的关键环节。持续不断地开展行之有效的投资者教育活动，使投资者了解期货高杠杆、高风险的特点，了解期货市场的产品及交易规则，减少投资者的盲目性，特别是牢固树立“买者自负”的风险意识，从而理性地参与期货交易，增强投资者的自我保护能力，才是对投资者最好、最有效的保护。同时，通过投资者教育，有助于投资者客观、正确地认识和参与期货市场，可以进一步促进培育诚实守信、理性健康的市场文化，促进期货市场功能的有效发挥和市场的平稳有序运行。期货市场的投资者教育工作任重而道远，是一项长期的、系统性的工程，需要持之以恒地开展下去。

近年来，围绕投资者教育工作，期货市场的监管部门、自律组织与中介机构都深入进行了形式多样、内容丰富和卓有成效的大量工作。由中国期货业协会组织编写的这一套《期货投资者教育系列丛书》就是协会按照中国证监会的统一部署，贯彻落实期货投资者教育工作的重要措施之一。该丛书作为期货市场第一套系统介绍我国上市期货品种的投资者教育普及读物和中国期货业协会期货投资者远程教育学院课程的基础性教材，以广大普通投资者为服务对象，兼顾了现货企业等专业机构的需求。本套丛书在体例上采取简单明了的问答体例，在语言上深入浅出，通俗易懂，可读性强。在内容上，丛书以“风险教育”为主线，不仅对国内上市的期货品种基本知识和交易规则进行了详细的介绍，更从期货品种相关的现货生产、加工、贸易和消费等产业链的各个环节对该产品的特性进行了系统的介绍，从而使得投资者能够得到更加全面、深刻的理解。同时，丛书还选取了大量包括套期保值、套利交易等典型实务操作案例，作为投资者了解和学习该产品的辅助材料，充分体现了丛书的实用性和可操作性特点。衷心地希望本丛书的出版能够为期货投资者了解期货市场，树立风险意识，理性参与交易提供有益的帮助。

姜　洋

2010 年 3 月

目 录

第一章
小麦期货合约与交易规则

【本章要点】

本章主要介绍小麦期货品种相关基本概念和合约设计，从事小麦期货交易应当注意的重要环节，以及需要遵守的规则，帮助投资者在尽可能短的时间内对小麦期货品种进行较全面的了解。

小麦是人类的主要食品，在全世界的播种面积多于其他任何粮食作物，是我国粮食系统中的重中之重，是营养比较丰富、经济价值较高的商品粮。小麦是禾本科小麦属禾谷类作物，是最古老也是最重要的谷物作物之一。早在9000多年前人类就已经在幼发拉底河流域种植这类禾草。现已知小麦品种数以千计，如普通小麦适于制作面包，硬粒小麦适于制作意大利面食，软粒小麦适于制作糕点和家庭面粉，等等。小麦适应多种气候和土壤条件，但最适于在降雨量300～900毫米的温带地区生长。小麦麦粒浸泡后可煮粥、汤或做布丁，但大多数用于制作食品的小麦需要更多的加工。麦麸可以用来做酒，当饲料等。

一、小麦期货有哪些特点?

硬麦期货于1998年上市，经过几年的运行，市场逐渐成熟。2003年，强麦期货在郑州商品交易所上市，使得小麦期货品种逐渐完善。和其他农产品期货相比，小麦期货有其自身的特点和优势，这是我国小麦期货能够长期稳健发展的基础和前提。

第一，小麦具有大品种特性。我国是世界上最大的小麦生产和消费国。小麦期货是国家发展大宗农产品期货交易、发挥期货市场功能、为国民经济服务的首选品种。2004年，我国小麦市场已经放开，小麦的生产、消费和流通量对国际国内市场具有举足轻重的影响。

第二，小麦期货符合现货发展思路。小麦期货代表的是优质小麦的未来价格发展趋势，符合国家进行种植结构调整、发展生产优质专用小麦的思路。在实际运行中，由于现货生产、经营、加工企业广泛参与，期货市场套期保值规避风险和发现价格功能的发挥，带动了订单农业的发展，促进了优质品种的推广和规模化种植。

第三，小麦期货定位明确，价格具有代表性。硬冬白小麦、优质强筋小麦期货合约所代表的商品均为现货市场上的优质小麦。硬冬白小麦主要用于加工拉面、方便面、饺子等高档面粉；优质强筋小麦是用于加工面包的专用小麦。这两个小麦品种品质要求定位明确，代表了进入流通的优质小麦和专用小麦的价格变化趋势。

第四，小麦市场与国际接轨。郑州商品交易所硬冬白小麦、优质强筋小麦期货价格与美国芝加哥交易所、堪萨斯交易所的小麦期货价格走势有明显的相关性。而且，随着近年来我国小麦品质的提高，尤其是在小麦期货的影响和带动下，面粉加工企业逐渐利用国产小麦替代进口小麦，加快了我国小麦市场与国际接轨的步伐。

第五，交易兼顾安全与效率。小麦期货是我国商品期货发展最早的上市品种之一，也是世界期货市场成熟的期货品种之一。郑州商品交易所小麦期货交易制度和风险控制管理经历了市场的验证和考验，显现出安全与效率兼顾的突出特点。

第六，小麦价格波动适度，规律性强。小麦是关系国计民生的主要粮食品种。市场放开后，小麦的价格既受供求关系等市场因素影响，又受国家调控政策影响，交通运输、生产周期、消费季节等客观因素也对价格波动规律产生影响。在多重因素作用下，小麦价格既有适度的波动性，从历史走势分析，又有明显的规律性。小麦的期货行情趋势性强，运行平稳，既适合中小资金参与，又便于大资金运作，具有很好的投资价值。

二、郑州小麦期货市场有哪些重要的意义？

2000 年以来，粮食安全问题越来越受到世人的关注。粮食市场供需的变动和价格的涨跌不仅关系 13 亿人的吃饭问题，也关系到我国的经济发展和经济安全问题。作为粮食作物中的主要品种——小麦市场的变动对整体粮食市场乃至于经济领域的波动都会产生或大或小的影响。作为小麦市场波动的预期性指标，1993 年 7 月份于郑州商品交易所上市的小麦期货市场价格的变动理所当然地成为人们判断市场的依据，其价格的权威性越来越受到人们的肯定。

我们不妨把强麦临近交割月合约在交割月前一个月最后一周收盘价与上一年同期收盘的涨跌幅和 CPI 指数、食品类价格作个比较。2007 年 4 月至 2007 年 8 月间，强麦交割月指数出现过一波较大幅度的上涨。小麦在食品类产业链中处于上端，其价格的上涨必然会对食品类价格的上涨产生拉动作用，进而又会推动消费者物价指数（CPI）的上涨。但是，2007 年 9 月以来，强麦交割月指数同比却持续滑落，强麦交割月指数的走低必然会对后期食品类价格和 CPI 指数产生制约作用。可以这么说，国内小麦价格的健康运行在一定程度上制约了居民消费价格的进一步走高，为我国的经济健康发展作出了积极的贡献。

强麦交割月指数的“拐点”出现在 2007 年 8 月，而 CPI 指数的“拐点”则出现在 2008 年 2 月，食品类价格指数的拐点出现在 2008 年 3 月。从时间上来看，强麦交割月指数对消费价格趋势的发现较 CPI 提早了整整 6 个月，较食品类价格提前了 7 个月。我们不得不惊叹于期货市场发现价格功能的神奇。

2002 年 12 月，路透社在其全球小麦市场报价单（每日发布）上首次列入了郑州商品交易所小麦期货价格，与芝加哥、堪萨斯小麦期货价格并列，这标志着郑州小麦期货价格已纳入世界小麦价格体系，“郑州价格”从此融入了全球粮食市场。随着强麦期货市场不断发展和完善，市场化的价格形成机制将促进郑州商品交易所强麦价格在全球小麦市场乃至粮食市场越来越具有影响力，从而形成我们自己的“郑州价格”。

三、世界上还有哪些国家有小麦期货上市交易？

世界上小麦期货交易量较大的交易所有：美国芝加哥交易所集团（CME Group Inc）、美国堪萨斯商品交易所（KCBT）、明尼阿波利斯谷物交易所（MGE）。

2006 年 10 月 17 日，美国芝加哥商业交易所（CME）和芝加哥期货交易所（CBOT）宣布已经就合并事宜达成最终协议，两家交易所合并成全球最大的衍生品交易所——芝加哥交易所集团（CME Group Inc）。原在美国芝加哥商品交易所（CBOT）交易的小麦品种成为合并后的 CME 的上市品种。近几年，该交易所小麦交易量维持在 100～200 万手/月的水平，持仓维持在 20～40 万手左右。

美国堪萨斯商品交易所（KCBT）目前小麦交易量维持在 30 万手/月的水平，持仓维持在 10 万手左右。

明尼阿波利斯谷物交易所（MGE）成立于 1881 年，主要功能就是给买卖双方提供交易等相关服务。明尼阿波利斯谷物交易所所在的明尼苏达州是美国重要的农业州，明尼阿波利斯是美国三个粮食期货交易中心之一。这里的交易分为现货交易和期货交易两大部分。现货主要是春小麦——这里是美国最大的小麦现货市场；期货部分春小麦是这里的主要期货交易品种，明尼阿波利斯谷物交易所也正是以此闻名于世。在明尼阿波利斯谷物交易所交易形成的春小麦价格对世界春小麦价格的影响很大。

这三家交易所主要交易的小麦品种有所不同，芝加哥期货交易所交易的主要是软红冬小麦，蛋白质含量 8%～9%，适合制作饼干；堪萨斯商品交易所交易的是红冬麦，蛋白质含量 11%～13%，适合做面包；明尼阿波利斯交易所交易的是硬质春小麦，蛋白质含量 13%～15%，适合做高级面包和面包混合剂。三家交易所的上市合约月份均为3月、5月、7月、9月和12月几个月份，合约单位均为5000蒲式耳。

此外，加拿大温宁伯格谷物交易所交易饲用小麦期货，澳大利亚的悉尼期货交易所交易蛋白质含量不低于9%的澳大利亚标准白麦期货，英国、法国等国家也有小麦期货交易。

四、投资者如何获取有关小麦的市场信息？

掌握全面真实的信息是投资者做好期货交易的前提。获取信息的渠道是多方面的，大体可归纳为三个主要渠道。

第一个渠道是期货交易所发布该类信息。包括交易所每日发布的前20名会员成交量、持仓量，每天发布的仓单量及增减量、定点交割库的库容量，交割月的交割配对结果，期货交易周报、月报等。投资者可以从代理交易的期货经纪公司获得这些信息。期货经纪公司有义务及时向客户传达这些信息。投资者也可以通过郑州商品交易所的网站，直接查找有关的小麦信息。

第二个渠道是期货经纪公司向投资者提供信息。按照有关规定，期货经纪公司有义务向自己的客户提供各种交易信息，包括交易行情、成交回报、现货市场信息等。有些经纪公司专门成立了信息部，搜集了解各种市场信息。投资者也可以通过看交易行情的盘面获得有关信息，这需要投资者自己观察。

第三个渠道是通过各种媒体获取信息。如各种经济类报纸、互联网等。以下向大家推荐十几家媒体或互联网网址。

1）郑州商品交易所。网址：www. czce. com. cn。

2）期货日报网。网址：www. qhrb. com. cn。

3）中华粮网。网址：www. cngrain. com。

4）中国粮食信息网。网址：www. grain. gov. cn。

5）中国粮油食品信息网。网址：www. cof. net. cn。

6）中国郑州粮食批发市场。网址：www. czgm. com。

7）中国农业信息网。网址：www. agri. gov. cn。

8）中国经济信息网。网址：www. cei. gov. cn。

9）芝加哥期货交易所。网址：www. cbot. com。

10）美国农业部。网址：www. usda. gov。

五、什么是期货合约？期货合约的标准化有什么好处？

期货合约是期货交易的对象，是指由期货交易所统一制定的、规定在未来某一特定的时间和地点交割一定数量和质量标的物的标准化合约。换句话讲，期货合约的买卖双方必须在未来交割规定的某种商品，而交割时间、交割地点、商品的数量和等级等内容是事先由期货合约规定好的。期货合约的标准化条款及其含义如表 1 –1 所示：

表 1 –1　　期货合约主要条款及其含义

主要条款	含　义
合约名称	品种名称及上市交易所，如郑州商品交易所强筋小麦期货合约
交易单位	每张（手）合约代表的商品数量
报价单位	商品的货币计量单位，如元/吨
最小变动价位	单位商品货币价格的最小变动数值
每日价格最大波动限制	一个交易日内期货合约价格波动的最大幅度，即涨跌停板
合约交割月份	期货合约到期交割的月份，通常用交割月份对不同交割期限的合约进行标识，如 1009 合约代表 2010 年 9 月交割的合约，而具体是 9 月的哪一天或哪一段时间则由“交割日期”规定
交易时间	期货合约可在交易所进行交易的时间
最后交易日	期货合约到期交割前进行交易的最后一个交易日
交割日期	合约交割月份中进行商品交割（所有权转移）的具体日期
交割等级	期货交易所统一规定的可用于交割的商品质量等级
交割地点	期货交易所统一规定的进行交割的指定交割仓库
交易保证金	期货交易所按合约价值的一定比例对买卖双方收取的保证金
交易手续费	期货交易所按一定方式对买卖双方收取的交易费用
交割方式	实物交割或现金交割
交易代码	期货交易所指定的期货品种标识，如硬白小麦期货为 WT，优质强筋小麦期货为 WS
上市交易所	合约上市交易的交易所名称

根据合约标的物的不同，期货合约分为商品期货合约和金融期货合约。商品期货合约的标的物包括农产品、工业品、能源和其他商品及其相关指数产品；金融期货合约的标的物包括有价证券、利率、汇率等金融产品及其相关指数产品。

那么，期货合约的标准化有什么好处呢？

我们知道，期货交易是在远期交易的基础上发展起来的，期货合约实际上就是远期合约的标准化。远期合约的商品等级、交货时间和地点等条款是由买卖双方根据自身的具体情况一对一达成的，这使得合约的转让非常困难，一旦由于某种客观或主观原因导致一方不愿或不能履行合约，仅靠信用维系的远期交易就产生了巨大的风险。对商品数量、质量等级、交割时间、交割地点等条款进行标准化后，期货合约具有了普遍性特征，从而大大增加了合约转让的便利性，同时交易双方不再需要对合约的具体条款进行协商，节约了交易时间和成本，提高了交易效率和市场流动性。期货合约标准化和保证金制度的实行促成了真正意义上的期货交易的诞生。并且，期货合约的标准化使得后来交易所允许以对冲方式免除履约责任（即通过反向交易来免除之前的交割义务，如先买后卖或先卖后买）成为可能，从而为投机者大规模参与期货市场奠定了基础。

六、郑州商品交易所的小麦期货合约是什么样的？

我国小麦期货合约在郑州商品交易所上市，包括硬白小麦（以下简称硬麦）期货合约和优质强筋小麦（以下简称强麦）期货合约，其合约文本如表 1－2 所示：

表 1－2　　郑州商品交易所小麦期货合约

	硬白小麦期货合约	优质强筋小麦期货合约
交易单位	10 吨/手	10 吨/手
报价单位	元（人民币）/吨	元（人民币）/吨
最小变动价位	1 元/吨	1 元/吨
每日价格最大波动限制	不超过上一交易日结算价 ±3%	不超过上一交易日结算价 ±3%

续表

	硬白小麦期货合约	优质强筋小麦期货合约
合约交割月份	1、3、5、7、9、11月	1、3、5、7、9、11月
交易时间	上午9：00～11：30，下午1：30～3：00	上午9：00～11：30，下午1：30～3：00
最后交易日	合约交割月份的倒数第七个交易日	合约交割月份的倒数第七个交易日
交割日期	合约交割月份的第一个交易日至最后交易日	合约交割月份的第一个交易日至最后交易日
交割品级	基准交割品：三等硬白小麦符合GB 1351－2008《小麦》标准，替代品及升贴水见《郑州商品交易所期货交割细则》	标准交割品：符合郑商所期货交易用优质强筋小麦标准Q/ZSJ 001－2003二等优质强筋小麦，替代品及升贴水见《郑州商品交易所交割细则》
交割地点	交易所指定交割仓库	交易所指定交割仓库
交易保证金	合约价值的5%	合约价值的5%
交易手续费	2元/手（含风险准备金）	2元/手（含风险准备金）
交割方式	实物交割	实物交割
交易代码	WT	WS
上市交易所	郑商所	郑商所

郑州商品交易所

郑州商品交易所成立于1990年10月12日，是我国第一家期货市场试点单位，由远期现货交易起步，于1993年5月28日推出标准化期货合约交易，1998年8月被国务院确定为全国三家期货交易所之一（其他两家分别是大连商品交易所和上海期货交易所），由中国证券监督管理委员会垂直管理。郑州商品交易所实行会员制，是为期货合约集中竞价交易提供场所、设施及相关服务，不以营利为目的的自律性管理法人，目前上市交易的期货品种有小麦、棉花、白糖、精对苯二甲酸（PTA）、菜籽油、早籼稻、绿豆等，其中小麦包括优质强筋小麦和硬白小麦。

七、硬麦期货合约与强麦期货合约有什么区别？两者交割等级与国家标准相同吗？

硬麦期货合约与强麦期货合约的区别在于标的物不同，而两者交割等级与国家标准也存在一定差异。

硬麦期货合约的标的物为硬白小麦。按照国家标准（GB1351－2008），硬白小麦是指种皮为白色或黄白色、麦粒不低于90%、硬度指数不低于60的小麦。郑州商品交易所硬麦期货合约基准交割品为符合 GB1351－2008《小麦》的三等硬白小麦，同时交割硬麦入库时的降落数值应在260～420S之间。替代品及升贴水如下：（1）不完善粒小于等于8.0%（其中，生芽粒小于等于2.0%，生霉粒小于等于2.0%），其他指标符合 GB 1351－2008 的二等以上硬白小麦可替代交割，不升水。（2）水分超12.5%，但在13.0%以内的，交割仓库应接收，每超0.1%扣量0.2%。（3）杂质超1.0%，但在1.2%以内的，交割仓库应接收，每超0.1%扣量0.2%。

强麦期货合约的标的物为优质强筋小麦，是指粉质仪测定的稳定时间大于等于7分钟的小麦，是一种面筋数量较高、筋力较强、品质优良、具有专门加工用途的小麦。按照国家推荐标准，优质小麦分为优质强筋小麦和优质弱筋小麦两类，而郑州商品交易所强麦期货交割标准在烘焙品质评分值、拉伸面积、面团稳定时间等指标上又与国家标准有所不同，现货经营企业尤其要注意两者的差异（见表1－3）。

表1－3　郑州商品交易所强麦交割品级与国家推荐优质强筋小麦标准比较

指标		郑州商品交易所强麦期货交割标准 Q/ZSJ001－2003 一等	郑州商品交易所强麦期货交割标准 Q/ZSJ001－2003 二等	国家推荐标准 GB/T17892－1999 一等	国家推荐标准 GB/T17892－1999 二等
籽粒	角质率≥	—		70%	
	容重 g/L	770		770	
	水分%≤	12.5		12.5	
	不完善粒%≤	6.0		6.0	

续表

指标			郑州商品交易所强麦期货交割标准 Q/ZSJ001－2003		国家推荐标准 GB/T17892－1999	
			一等	二等	一等	二等
籽粒	杂质%	总量≤	1.0		1.0	
		矿物质≤	0.5		0.5	
	色泽 气味		正常		正常	
	降落数值 S≥		300		300	
	粗蛋白质%（干基）		—		15.0	14.0
小麦粉	湿面筋%（14%水分基）		30.0		35.0	32.0
	烘焙品质评分值		—		80	
	拉伸面积 cm^2（135min）≥		90		—	
	面团稳定时间 min≥		12.0	8.0	10.0	7.0

强麦替代品及升贴水如下：（1）一等优质强筋小麦升水 30 元/吨；（2）标准品交割价＝交割结算价；（3）替代品入库注册仓单时，按照规定的升贴水标准转化为统一的标准仓单；（4）同等级优质强筋小麦的不完善粒大于 6.0% 小于 10.0%（其中，霉变粒小于等于 2.0%），贴水 10 元/吨。

降落数值

降落数值是衡量小麦品质的一项重要指标，它通过测定小麦α－淀粉酶活性来衡量小麦的发芽损坏程度。正常成熟的小麦α－淀粉酶活性较低，降落数值在 350～400 秒范围左右，如果遇雨发芽或萌动（即小麦发芽两三天，胚芽尚未突出种皮），其降落数值会明显下降，下降的幅度与发芽时间的长短、发芽的比例成正比，发芽严重时，降落值会降低到 80 秒以下。测定小麦的降落数值可以正确评价小麦的发芽程度，避免人工肉眼观察造成的误差。粮食部门可根据降落数值对小麦进行分类分仓贮存，避免不同发芽程度的小麦互混造成不必要的经济损失；面粉加工企业也可以根据不同降落数值小麦的搭配或α－淀粉酶的调节生产所需的面粉种类。

八、什么是小麦期货合约的交割月份?

交割月份是指期货合约到期交割的月份，由期货交易所统一规定。合约交割月份的确定，由标的商品生产、流通、消费等特点决定，也受到商品储藏、保管、运输等因素影响，因此不同期货品种交割月份的设置不尽相同。比如，大商所的大豆期货合约交割月份为1月、3月、5月、7月、9月、11月，豆粕期货合约交割月份为1月、3月、5月、8月、9月、11月，郑商所的棉花期货合约交割月份为1月、3月、4月、5月、6月、7月、8月、9月、10月、11月、12月。除考虑标的商品本身的特性以外，不同的交易所设置交割月份的方法也有不同。其中最普遍的是以固定月份作为交割月，如上述大豆、豆粕和棉花的设置方法；还有一种是滚动交割方式，如香港恒生指数期货及国内将要上市的沪深300股指期货，都是以当月、下月及随后两个季月为交割月；第三种是逐日交割方式，如英国伦敦金属交易所（LME）的三月铜、三月铝期货等。

郑州商品交易所强麦期货合约和硬麦期货合约的交割月份都是1月、3月、5月、7月、9月、11月。为了对同时上市的不同合约进行区分，通常用交割月份对合约进行标识，如WS1005合约（或WS005合约，WS是强麦期货合约的交易代码）代表2010年5月交割的强麦合约。尽管强麦期货合约和硬麦期货合约的交割月份设置相同，但两个品种期货合约上市交易的时间和同时上市的合约数量是不同的。强麦期货合约上市交易的时间为18个月，因而同时上市的合约数量为9个；硬麦期货合约上市交易的时间为12个月，因而同时上市的合约数量为6个。这是如何计算的呢？以强麦期货举例来说，如果现在是2009年10月，那么距离交割最近的合约应该是WS 911合约（2009年11月交割），最远的合约应该是WS 1103合约（2009年9月上市，2011年3月交割，存续期18个月），同时上市交易的合约还包括WS 1001、WS 1003、WS 1005、WS 1007、WS 1009、WS 1011及WS 1101合约，共计9个合约。

九、如何进行期货交易？

完整的期货交易包括开户、下单、竞价、结算、交割等环节。

第一步，开户。在开始期货交易之前，我们需要选择一家期货公司开户。只有会员（包括期货公司会员和非期货公司会员，其中期货公司从事经纪业务）能直接进入交易所进行期货交易，因而普通投资者只能委托期货公司代理交易。投资者经过筛选选定一家具有合法代理资格的期货公司后，即可提出委托申请并开立账户。这里需要注意的是，同一客户可以在不同的期货公司开户，但该客户在交易所的客户编号只有一个。

第二步，下单。投资者开立账户并存入保证金后，即可向委托的期货公司下达交易指令，即俗称的"下单"。投资者可选择书面下单、电话下单、网上下单或自助终端下单等不同的下单方式。目前比较常用的下单方式是电话下单（以打电话的方式向期货公司下单）和网上下单（以期货公司提供的交易软件通过网络下单）。下达交易指令时，需要明确指出期货品种、期货合约月份、交易方向（买入/卖出）、交易数量、委托价格等内容，如图1－1表示的交易指令为"买入（开仓）强麦期货1005合约10手"。下单时需要注意的是，交易指令每次最小下单量为1手，限价指令每次最大下单数量为1000手。

第三步，竞价。竞价是指期货价格的形成过程，有公开喊价和计算机撮合成交两种方式，我国采用计算机撮合成交方式。竞价并不需要投资者直接参与，而是由期货公司将客户下达的交易指令输入交易所计算机内撮合成交。计算机撮合成交以价格优先、时间优先为原则，当买入价大于等于卖出价时自动撮合成交，成交价等于买入价、卖出价和前一成交三者中居中的一个价格。开盘价和收盘价由集合竞价产生，开盘（收盘）集合竞价在开市（收市）前5分钟内进行，其中前4分钟为期货合约买、卖指令申报时间，后1分钟为集合竞价撮合时间，开市（收市）时产生开盘价（收盘价）。计算机撮合成交后，期货公司将成交结果反馈给客户。相关基本交易术语见表1－4。

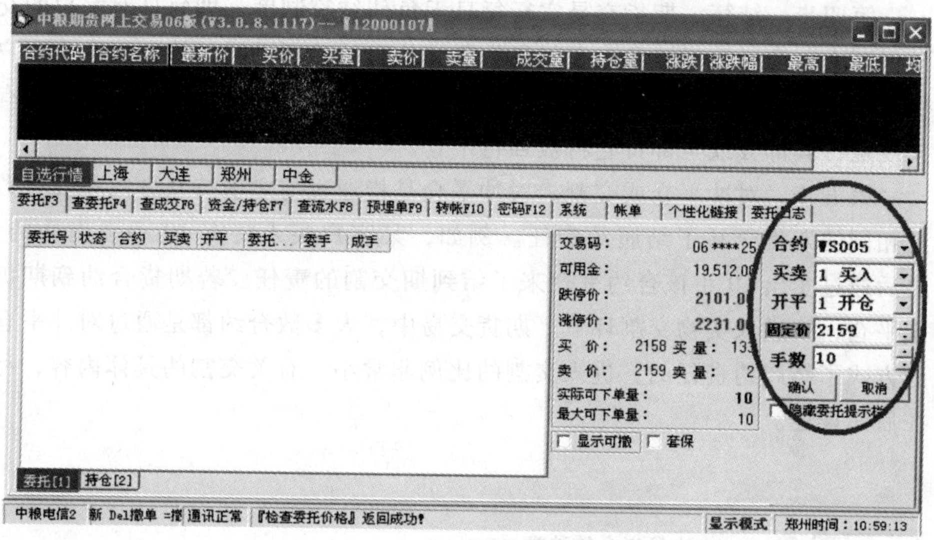

图 1-1 交易界面示意图

表 1-4 **基本交易术语**

	定 义
开盘价	某一期货合约当日交易的第一笔成交价格
收盘价	某一期货合约当日交易的最后一笔成交价格
最高价	一定时间内某一期货合约成交价中的最高成交价格
最低价	一定时间内某一期货合约成交价中的最低成交价格
最新价	某一交易日某一期货合约交易期间的即时成交价格
涨跌	某交易日某一期货合约交易期间的最新价与上一交易日结算价之差
最高买价	某一期货合约当日买方申请买入的即时最高价格
最低卖价	某一期货合约当日卖方申请卖出的即时最低价格
申买量	某一期货合约当日交易所交易系统中未成交的最高买价申请买入的下单数量
申卖量	某一期货合约当日交易所交易系统中未成交的最低卖价申请卖出的下单数量
结算价	某一期货合约当日成交价格按成交量的加权平均价，当日无成交的按有关规则确定
成交量	某一期货合约在当日交易期间所有成交合约的双边数量
持仓量	期货交易者所持有的未平仓合约的双边数量

第四步，结算。期货交易实行每日无负债结算制度，即每日对客户的交易保证金、盈亏、手续费、交割货款和其他有关款项进行计算和划拨。客户保证金不足的，会被要求追加保证金。如客户不能按时追加保证金，根据有关规定，其部分或全部持仓将被强行平仓。

第五步，对冲平仓或交割。对冲平仓是指通过与之前持仓方向相反、数量相同的期货交易了结履约责任。例如，某客户买入持有 10 手强麦合约，之后通过卖出 10 手该合约平仓来了结到期交割的责任。若期货合约到期仍未平仓，则进入实物交割环节。期货交易中，大多数合约都是通过对冲平仓的方式了结履约责任的，进入交割的比例非常小。有关交割的具体内容，将在后文详述。

交易指令的种类

关于交易指令，我国有限价指令、市价指令、套利指令、取消指令等，但目前实际使用的只有限价指令、套利指令和取消指令。其中，限价指令是指按限定价格或更优价格成交的指令；套利指令是指同时买入和卖出两种存在某种相关性的期货合约的指令，如大连商品交易所的豆油/棕榈油套利指令——目前我国套利指令还比较少；取消指令是指将之前发出的某一指令取消的指令。

十、什么是主力合约？

我们已经知道，针对同一个期货品种，同时上市的合约一般有几个到十几个，但往往只有 1 ~ 2 个合约成为交易最活跃的合约。通常来说，我们把持仓量最大的合约定义为主力合约。什么是持仓量呢？它是指未平仓合约的数量，即交易者持有的头寸总和。一张期货合约在市场上被创造出来，必然是买卖双方达成协议的结果，即既有买方（多头）又有卖方（空头），因而多头持仓始终等于空头持仓。我国统计持仓量时，采用双边统计原则，即将多头持仓和空头持仓之和作为当日持仓量。通常情况下，持仓量最大的合约也是成交量最大的合约，即成交最活跃的合约，因此，我们也可以把成交量最大的合约称为主力合约。

主力合约最受投资者青睐，这是因为其交易最为活跃，因而使投资者面临的流动性风险最小。试想，如果参与不活跃的期货合约交易，不管是买入还是卖出，不管是开仓还是平仓，都有可能因为缺乏交易对手而宣告失败。因此，对大多数投资者而言，特别是初入期货市场的投资者，一般应选择主力合约作为交易对象。

需要注意的是，主力合约通常只有一个，但并不总是某一个合约，而是随着时间的推移不断变化的。比如，2009 年 10 月强麦期货主力合约是 WS1005 合约，而 2009 年 6 月时主力合约是 WS 1001 合约。主力合约在向后迁移的过程中，会出现两个合约交易量或持仓量相当的情况，这时不必过分强调持仓量或成交量“最大”的那个合约才是主力合约，通常可以把两个合约都作为主力合约。这种共存局面持续的时间不会很长，通常在 1～2 周就可以完成由一个主力合约向下一个主力合约的过渡。

由于商品本身在生产、消费、贸易等方面存在的特性及地区差异，以及不同国家交易者偏好不同，不同地区不同商品期货的主力合约变化具有各自不同的规律。比如，美国芝加哥期货交易所（CBOT）农产品期货和纽约商业交易所（NYMEX）原油期货、黄金期货的主力合约一般是近月合约，国内农产品期货的主力合约一般是 1 月、5 月和 9 月合约，而日本东京工业品交易所（TOCOM）黄金期货的主力合约一般是一年以后交割的合约。

芝加哥期货交易所（CBOT）

芝加哥期货交易所（Chicago Board of Trade，简称 CBOT）成立于 1848 年，是世界上最早的期货交易所之一。它由 82 位谷物交易商发起建立，最初只是一家为促进芝加哥工商业发展而自然形成的商会组织，1865 年推出标准化合约取代其远期合同的同时，交易所又实行了保证金制度，从而促成了真正意义上的期货交易的诞生。2006 年 10 月 18 日，CBOT 与芝加哥商业交易所（Chicago Mercantile Exchange，简称 CME）合并组成芝加哥交易所集团（CME Group），该所以上市大豆、玉米、小麦等农产品期货品种为主，这些品种是目前国际上最权威的期货品种，其价格也是最权威的期货价格。

芝加哥期货交易所成立后，对交易规则不断加以完善，于 1865 年用标准的期货合约取代了远期合同，并实行了保证金制度。芝加哥期货交易所除进行玉米、大豆、小麦

等农产品期货交易外，还为中、长期美国政府债券、股票指数、市政债券指数、黄金和白银等商品提供期货交易市场，并进行农产品、金融及金属的期权交易。芝加哥期货交易所玉米、大豆、小麦等品种的期货价格，不仅成为美国农业生产、加工的重要参考价格，而且成为国际农产品贸易中的权威价格。目前，芝加哥期货交易所仍然是世界上最具影响力的期货交易所之一，掌握着农产品市场的国际定价权。

无论是电子交易还是公开喊价，芝加哥期货交易所的主要角色是为客户提供一个具有透明性及流通性的合约市场，该市场的作用为价格发现、风险管理及投资。农场主、公司、小企业所有者、金融服务提供者、国际交易机构及其他个人或机构可通过一个称作套期保值的过程来管理价格、利率和汇率风险。套期保值是通过在期货市场持有数量相等但交易方向相反的头寸来对冲掉现货市场头寸的内在价格风险的操作。套期保值者利用芝加哥期货交易所期货市场保护其业务，以避免不利的价格变动对其盈余造成不利影响。

纽约商业交易所（NYMEX）

纽约商业交易所（The New York Mercantile Exchange, Inc，简称 NYMEX）由以前的纽约商业交易所（The New York Mercantile Exchange）和纽约商品交易所（COMEX）于 1994 年合并组成，2008 年又被芝加哥交易所集团（CME Group）收购，是全球最具影响力的能源和金属期货交易所之一，位于美国纽约曼哈顿市中心。根据纽约商业交易所的界定，其期货、期权交易分为 NYMEX 和 COMEX 两大分部，NYMEX 负责能源、铂金及钯金交易，COMEX 负责其余的金属（包括黄金）交易。纽约商业交易所为能源和金属提供期货和期权交易，其中以能源产品和金属为主，产生的价格是全球市场上的基准价格。

十一、什么是保证金？

严格来说，投资者存放于经纪公司投资账户中的资金都称为保证金，投资账户称为保证金账户。保证金又分为交易保证金和结算准备金，其中交易保证金是指期货交易者按照持有的期货合约价值的一定比例向交易所缴纳的资金，它是被合约占用的保证金，我们通常所说的保证金就是指交易保证金；而投资账户中未被合约占用的那部分保证金就称为结算准备金。

交易保证金的比例（简称保证金比例）由交易所规定，根据品种不同而有所差异，一般为合约价值的 5% ~ 10%。以郑商所上市的期货品种为例，油菜籽、强麦、硬麦、棉花和早籼稻期货合约的保证金比例为5%，而PTA、白糖期货合约的保证金比例为6%。

保证金的所有权属于投资者，其用途为结算和保证履约。交易保证金数量随着投资者持有合约价值的变化而变化，当投资者平仓离场时，交易保证金相应释放。例如：某客户10月22日以2160元/吨的价格买入10手WS 1005合约（每手合约代表10吨强麦），保证金比例为5%，则该客户交易保证金为2160元/吨×10手×10吨/手×5%=10800（元）。当该客户持有的WS 1005合约价格变为2170时，交易保证金就变为2170元/吨×10手×10吨/手×5%=10850（元）。此时，如果客户卖出平仓，则交易保证金相应释放，即变为0元。

需要注意的是，交易保证金的收取是分级进行的，即期货交易所向会员收取保证金、期货公司（属交易所会员）向客户收取保证金，分别称为会员保证金和客户保证金。换句话说，交易所并不直接收取一般客户的保证金，而是由期货公司向自己的客户收取保证金。我们在期货合约文本中看到的保证金比例是指期货交易所向会员收取的保证金比例，期货公司向客户收取的保证金比例通常高于这一标准1～5个百分点。不同期货公司的保证金比例有所不同。

另外，不是必须以货币资金形式缴纳保证金。我国《期货交易管理条例》规定，期货交易所会员或客户可以使用标准仓单、国债等价值稳定、流动性强的有价证券充抵保证金进行期货交易。具体来说，期货交易所可接受经其认定的标准仓单、可流通的国债及中国证监会认定的其他有价证券冲抵保证金。以标准仓单充抵保证金的，期货交易所以充抵日前一交易日该标准仓单对应品种最近交割月份期货合约的结算价为基准计算价值；以国债充抵保证金的，期货交易所以充抵日前一交易日该国债在上海证券交易所、深圳证券交易所较低的收盘价为基准计算价值。期货交易所可以根据市场情况对用于充抵保证金的有价证券的基准计算价值进行调整。同时，有价证券充抵保证金的金额不得高于以下标准中的较低值：有价证券基准计算价值的80%；会员在期货交易所专用结算账户中的实有货币资金的4倍。不同的交易所对以有价证券冲抵保证金的详细规定不尽相同，投资者可查阅交易所有关规则。

十二、如何计算小麦期货的保证金？

我们已经知道，强麦期货合约和硬麦期货合约的保证金比例都是5%，也就是说，当买卖双方成交后，交易所收取的保证金为合约价值的5%。但是，这一标准并不总是固定不变的。郑州商品交易所对交易保证金实行分级管理，保证金比例因期货合约距离交割期的远近、持仓量的大小、涨跌停板等因素而变化。

按照距离交割时间的远近，郑州商品交易所将期货合约分为“一般月份”（交割月前一个月份以前的月份）、“交割月前一个月份”和“交割月份”三类。一般月份的期货合约按照持仓量的大小分别适用不同的交易保证金标准；交割月前一个月份的期货合约按上旬、中旬和下旬分别适用不同的交易保证金标准；交割月份期货合约的交易保证金标准均为30%。

另外，交易所在下列情况下有权提高交易保证金标准：（1）某期货合约按结算价计算连续4个交易日累计涨（跌）幅达到期货合约涨（跌）停板的3倍，或者连续5个交易日累计涨（跌）幅达到期货合约涨（跌）停板的3.5倍时；（2）法定节假日休市时间较长时；（3）交易行情特殊致使市场风险明显增大时。交易所在上述情况下调整保证金时会将有关内容予以公告。郑州商品交易所小麦期货合约保证金收取标准见表1－5。

表1－5　郑州商品交易所小麦期货合约保证金收取标准

	保证金收取条件	强麦收取比例	硬麦收取比例
一般月份	合约月份双边持仓总量（N，万手）	当N≤30，5%	当N≤40，5%
		当30＜N≤40，7%	当40＜N≤50，7%
		当40＜N≤50，10%	当50＜N≤60，10%
		当N＞50，12%	当N＞60，12%
交割月前一个月	上旬	8%	8%
	中旬	15%	15%
	下旬	25%	25%
交割月		30%	30%

续表

	保证金收取条件	强麦收取比例	硬麦收取比例
涨跌停板	D1 交易日涨（跌）停板	在原交易保证金标准基础上提高 50%	在原交易保证金标准基础上提高 50%
	D2 交易日连续同方向涨（跌）停板	维持 D1 交易日保证金标准	维持 D1 交易日保证金标准
	D3 交易日连续同方向涨（跌）停板	维持 D2 交易日保证金标准	维持 D2 交易日保证金标准

某交易日闭市时，所有期货合约按照当日结算价为基准收取交易保证金，若某期货合约符合持仓量调整要求或次交易日即将进入“交割月前一个月”相应阶段或“交割月”的，该期货合约的所有持仓按照新标准收取交易保证金。

【案例 1—1】

某客户于某年 1 月 1 日买入 3 月硬麦合约 20 手，成交价 1800 元/吨，当日结算价 1790 元/吨，该月份合约持仓量为 45 万手，则该客户当日的交易保证金为：1790 元/吨 ×20 手 ×10 吨/手 ×7% =25060（元）。

【案例 1—2】

该客户持仓至 1 月 30 日（1 月最后一个交易日），当日结算价 1920 元/吨，该月份合约持仓量为 5 万手，则该客户当日的交易保证金为：1920 元/吨 ×20 手 ×10 吨/手 ×8% =30720（元）。

【案例 1—3】

该客户持仓至 2 月 27 日（2 月最后一个交易日），当日结算价 1820 元/吨，该月份合约持仓量为 300 手，则该客户当日的交易保证金为：1820 元/吨 ×20 手 ×10 吨/手 ×30% =109200（元）。

需要说明的是，按照上述交易所规则，某些情况下一个期货合约可能同时适用好几个保证金标准，这时交易所将按照其中的最高标准收取交易保证金。

十三、怎样利用保证金进行交易？

我们已经知道了保证金的计算方法，那么，对期货交易而言，保证金有什么意义呢？我们又应该如何利用保证金进行交易呢？用现货市场的语言来说，期货合约实际上是一张标准化了的远期合同，而向双方收取保证金最初是为了保证合同的履行。换句话说，期货交易收取保证金的初衷是为了保证履约，这有利于降低市场参与者面临的信用风险。而随着现代期货市场的建立与发展，保证金具有了另一层更为深远的意义，即造就了期货交易独特的杠杆机制。也就是说，投资者在进行期货交易时，只需交纳少量的保证金（一般为合约价值的5%～10%），就可以完成数倍乃至数十倍的交易量，而交易者的风险和收益也放大同样多倍。

例如，某客户买入强麦期货合约50手，成交价2000元/吨，合约价值为2000元/吨×20手×10吨/手=40（万元），而该客户只需交纳5%的保证金即2万元就可完成该笔交易。当期货合约价格上涨至2200元/吨（10%）时，投资者收益=（2200－2000）元/吨×20手×10吨/手=4（万元），即收益率为200%。同样，当期货合约价格下跌10%时，投资者亏损也将达到200%。也就是说，当保证金比例为5%时，投资者风险和收益放大的倍数=200%÷10%=20（倍）。实际上，期货交易的风险或收益放大倍数就等于保证金比例的倒数，保证金比例越低，风险或收益放大的倍数就越大，期货交易的杠杆作用就越大。

以保证金方式进行交易对套期保值者和投机者的意义略有不同。对套期保值者来说，保证金交易以较少的资金实现了对较大现货数量的商品的保护，提高了资金运营效率；而对投机者来说，保证金交易赋予其获取高额利润的机会，因而吸引了大量投机者进入这个市场。同时，我们也要看到其高风险的一面，投资者利用保证金进行交易时，要充分认识自己所能承受的风险，做好资金管理。国际市场比较通行的资金管理要领包括：（1）投资额（即交易保证金）应限制在总资本的50%以内。（2）任何单个市场上投入的总资金应限制在总资本的10%～15%以内。（3）任何单个市场上的最大亏损应限制在总资本的5%以内。（4）任何一个市场群类上投入的总资金应限制在总资本的 20% ~25% 以内。

十四、小麦期货如何结算?

结算是指根据交易结果和交易所有关规定对会员保证金、盈亏、手续费、交割货款及其他有关款项进行计算、划拨的业务活动。交易所实行分级结算制度，即交易所对会员进行结算，期货公司会员对客户进行结算。每日交易结束后，交易所对会员、期货公司会员对客户按“当日结算价”结算所有合约的盈亏、交易保证金，收取手续费等费用，对应收应付的款项同时划转，相应增加或减少结算准备金，这就是我们所说的“当日无负债结算制度”。

“当日结算价”是指期货合约当日成交价格按照成交量的加权平均价，当日无成交价格的，当日结算价按照交易所有关规则确定。所有合约均以当日结算价作为结算基础，结算内容如下：

（1）当日交易保证金 = 当日结算价 × 当日交易结束后的持仓量交易保证金比例。

（2）当日盈亏 = 平仓盈亏 + 持仓盈亏 + 交割差额，其中：

①平仓盈亏 = 平历史仓盈亏 + 平当日仓盈亏

平历史仓盈亏 = Σ［（卖出平仓价 - 上一交易日结算价）×卖出平仓量］+Σ［（上一交易日结算价 - 买入平仓价）×买入平仓量］

平当日仓盈亏 = Σ［（当日卖出平仓价 - 当日买入开仓价）×卖出平仓量］+Σ［（当日卖出开仓价 - 当日买入平仓价）×买入平仓量］

②持仓盈亏 = 历史持仓盈亏 + 当日开仓持仓盈亏

历史持仓盈亏 = Σ［（上一日结算价 - 当日结算价）×卖出历史持仓量］+Σ［（当日结算价 - 上一日结算价）×买入历史持仓量］

当日开仓持仓盈亏 = Σ［（卖出开仓价 - 当日结算价）×卖出开仓量］+Σ［（当日结算价 - 买入开仓价）×买入开仓量］

③交割差额 = Σ［（当日结算价 - 交割结算价）×卖出配对量］+Σ［（交割结算价 - 当日结算价）×买入配对量］

（3）当日结算准备金余额 = 上一交易日结算准备金 + 上一交易日交易保证金 - 当日交易保证金 + 当日有价证券充抵保证金 - 上一交易日有价证券

充抵保证金 + 当日盈亏 + 入金 - 出金 - 手续费等。

期货公司每日结算后向客户发出交易结算单，当客户保证金低于交易所规定的交易保证金水平时，期货公司需按照期货经纪合同约定的方式通知客户追加保证金。客户不能按时追加保证金的，期货公司将按有关规则把该客户部分或全部持仓强行平仓，直至保证金余额能够维持其剩余头寸，这就是我们所说的“强行平仓制度”。

【案例 1—4】

某客户保证金账户余额为 10 万元，于 6 月 1 日开仓买入强麦期货合约 40 手，成交价 2050 元/吨，同日该客户卖出平仓 30 手同一合约，成交价 2060 元/吨，当日结算价 2065 元/吨，其期货经纪公司规定的交易保证金比例为 8%，则该客户当日结算情况如何？

（1）当日交易保证金 = 2065 ×（40 - 30）× 10 × 8% = 16520（元）。

（2）平仓盈亏 =（2060 - 2050）× 30 × 10 = 3000（元）；

持仓盈亏 =（2065 - 2050）×（40 - 30）× 10 = 1500（元）；

当日盈亏 = 3000 + 1500 = 4500（元）。

（3）当日结算准备金余额 = 100000 - 16520 + 4500 = 87980（元）。

【案例 1—5】

6 月 2 日该客户再次买入该强麦合约 10 手，成交价 2080 元/吨，当日结算价 2075 元/吨，则该客户当日结算情况如何？

（1）当日交易保证金 = 2075 ×（10 + 10）× 10 × 8% = 33200（元）。

（2）当日开仓持仓盈亏 =（2075 - 2080）× 10 × 10 = -500（元）；

历史持仓盈亏 =（2075 - 2065）× 10 × 10 = 1000（元）；

当日盈亏 = 1000 - 500 = 500（元）。

（3）当日结算准备金余额 = 87980 + 16520 - 33200 + 500 = 71800（元）。

【案例 1—6】

6 月 3 日该客户卖出该强麦合约 20 手，成交价 2082 元/吨，当日结算价 2080 元/吨，则该客户当日结算情况如何？

（1）当日交易保证金 =0（元）。

（2）平仓盈亏 =（2080 - 2075）×20×10 =1000（元）。

（3）当日结算准备金余额 =71800 +33200 +1000 =106000（元）。

十五、什么是标准仓单？在哪里获取仓单数据？

标准仓单是指由交易所统一制定的，由交割仓库完成入库商品验收、确认合格后签发的，并经交易所注册的可用于证明货主拥有实物或者可予提货的财产凭证。在实物交割的具体实施中，买卖双方并不是直接进行实物商品的交收，而是代表商品所有权的标准仓单的转换。标准仓单的生成包括交割预报、入库验收、质量检验、交割仓库申请注册及交易所办理注册等环节。标准仓单经交易所注册后生效，可用于交割、转让、提货、质押等。

郑州商品交易所规定，标准仓单分为通用标准仓单和非通用标准仓单两种。其中通用标准仓单是指持有人可到该品种任一交割仓库提货的财产凭证，非通用标准仓单是指持有人只能到某个特定交割仓库提货的财产凭证。强麦、硬麦适用通用标准仓单。

交易所每日公布各品种仓单数据，投资者可在其网站查询。三大交易所网址及上市期货品种如表 1 -6 所示：

表 1 -6 三大交易所上市期货品种及交易所网址

	期货品种	网 址
大连商品交易所	黄大豆 1 号、黄大豆 2 号、豆油、豆粕、玉米、棕榈油、LLDPE、PVC	http：//www.dce.com.cn
郑州商品交易所	小麦（强麦、硬麦）、棉花、白糖、PTA、菜籽油、早籼稻	http：//www.czce.com.cn
上海期货交易所	铜、铝、锌、黄金、螺纹钢、线材、燃料油、天然橡胶	http：//www.shfe.com.cn

十六、小麦标准仓单的注册流程是什么？

标准仓单的生成包括交割预报、入库验收、质量检验、交割仓库申请注册及交易所办理注册等环节。根据郑州商品交易所的规定，硬白小麦（以下简称硬麦）、优质强筋小麦（以下简称强麦）、一号棉、菜籽油和早籼稻标准仓单生成时间为40天。

强麦入库质量检验由交易所组织实施。强麦降落数值、稳定时间、拉伸面积和湿面筋指标由质检机构检验；其他质量指标由交割仓库或质检机构检验。硬麦入库质量检验由交割仓库组织实施，交易所进行抽查。需由质检机构检验的小麦质量指标，样品由交割仓库扦取，交易所、客户到场监督。客户未到场监督的，视为对扦样无异议。样品扦取后由交易所进行封样，并寄（送）质检机构。质检机构作出的检验结论为小麦入库质量检验的最终结果，不予复检。强麦样品的检验时间由交易所公告。

自出具或者接到质检机构的检验结果之日起1个工作日内，交割仓库对检验结果进行确认并通知货主。货主无异议的，自通知货主之日起2个工作日内，交割仓库应当向交易所申请注册标准仓单。同时向交易所报送标准仓单注册申请表、货物存储证明（保证）书和应当由交易所留存的检验报告原件一份。

标准仓单注册申请表应当按要求填写，并加盖交割仓库公章和法定代表人或者受托负责人签章、交割仓库经办人签章，同时注明开具日期。

交易所可在自交割仓库提出仓单注册申请之日起7个工作日内予以注册。

自交割月第5个交易日（硬麦、强麦、PTA、早籼稻为最后交易日）下午3时起，交易所不再受理交割仓库提出的用于当月交割的标准仓单注册申请。该日下午3时以后的注册申请所形成的标准仓单可以参与当月标准仓单的征购及后续月份交割。

交易所规定的可予质量免检的商品用于期货交割的，最迟应当在合约最后交易日前一日申请注册。经交易所注册的标准仓单，方可适用于与期货相关的业务。仓单入库及注册流程见图1-2。

十七、小麦标准仓单是否长期有效?

标准仓单具有有效期。强麦的有效期为：N年生产的小麦注册的标准仓单，有效期至N+2年7月最后1个工作日。硬麦的有效期为：N年注册的仓单，在N+1年的7月份合约贴水30元/吨，9月份合约贴水60元/吨。

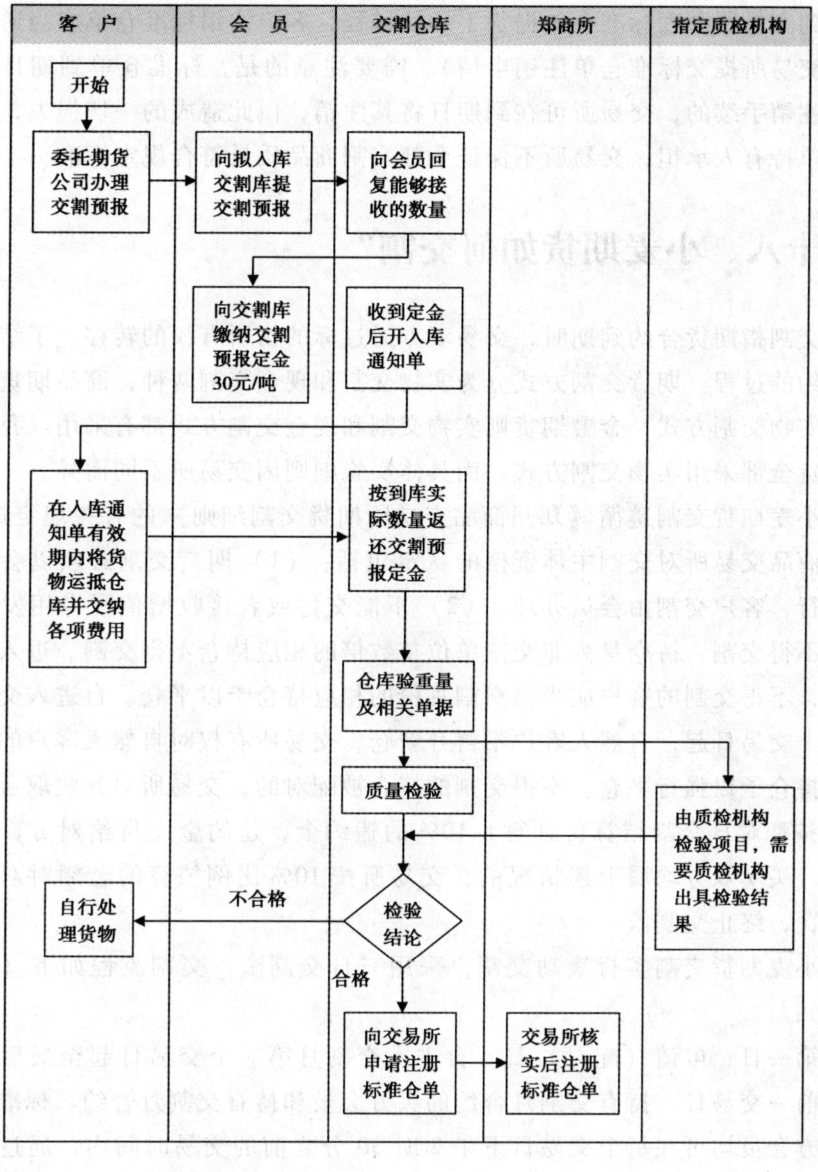

图 1－2 仓单入库及注册流程

N＋1 年 9 月合约交割结束后，于当月最后一个工作日前（含该日），N 年注册的仓单必须全部注销（标准仓单注销是指标准仓单持有人直接或者委托会员到交易所办理标准仓单提货手续的过程，客户注销标准仓单应当通过会员向交易所提交标准仓单注销申请)。需要注意的是，标准仓单到期日前未办理注销手续的，交易所可在到期日将其注销，由此造成的一切损失，由标准仓单持有人承担，交易所不保证全部交割商品质量符合规定标准。

十八、小麦期货如何交割?

交割指期货合约到期时，交易双方通过标的物所有权的转移，了结未平仓合约的过程。期货交割方式分为实物交割和现金交割两种，商品期货通常采用实物交割方式，金融期货则实物交割和现金交割方式都有采用。我国商品期货全部采用实物交割方式，而具体实施细则因交易所不同而异。

小麦期货交割遵循《郑州商品交易所期货交割细则》的有关规定进行。郑州商品交易所对交割主体资格的认定包括：（1）期货交割必须以会员名义进行，客户交割由会员办理。（2）不能交付或者接收增值税专用发票的客户不得交割，持仓量为非交割单位整数倍的相应持仓不得交割。进入交割月前，不得交割的客户应当将交割月份的相应持仓予以平仓。自进入交割月第一个交易日起，自然人客户不得开新仓，交易所有权对自然人客户的交割月份持仓予以强行平仓。不得交割的持仓被配对的，交易所对其收取合约价值（按配对日交割结算价计算）10%的违约金，违约金支付给对方，终止交割；买卖双方均属上述情况的，交易所按10%比例核算的金额对双方进行处罚，终止交割。

小麦期货交割实行滚动交割，采用三日交割法，交割流程如下（见图1-3)：

第一日，申请（配对）日。自进入交割月第一个交易日起至最后交易日的前一交易日，持有交割月合约的买方会员和持有交割月合约、标准仓单的卖方会员均可在每个交易日下午2时30分之前的交易时间内，通过会员服务系统提出交割申请。买方会员在会员服务系统响应卖方会员的交割申请；未得到买方会员响应的，卖方会员可于申请当日下午2时30分之前撤销交割申请，没有撤销的，由计算机系统判为作废；买方会员响应的，即视为确认，买卖双方均不得撤销。申请当日闭市后，交易所依据买卖双方相对

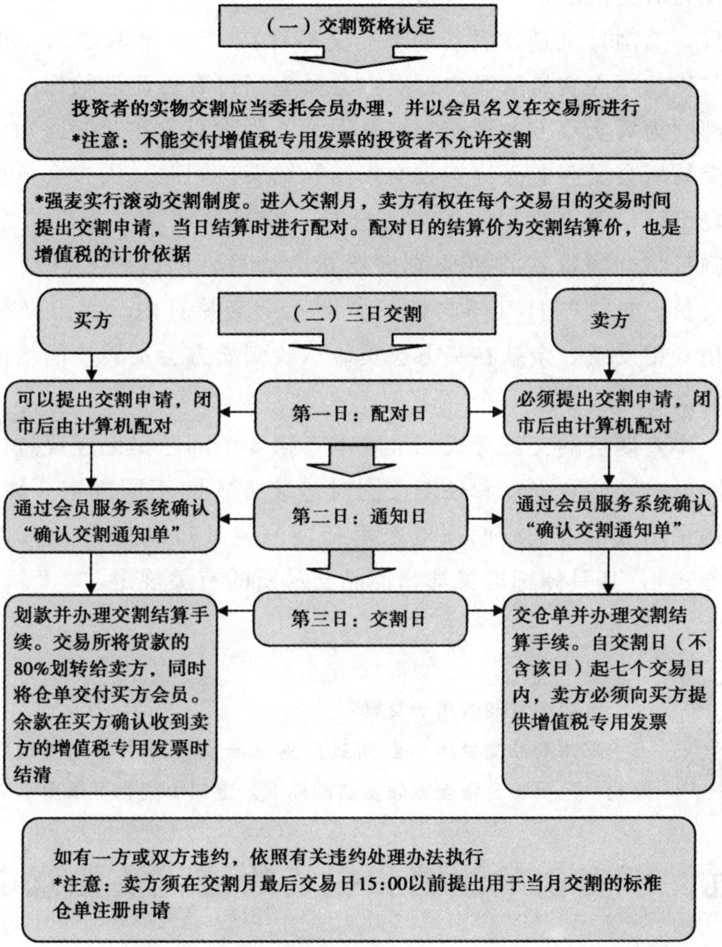

图 1－3　郑州商品交易所强筋麦交割流程图

应的持仓量、买卖双方确认申请量和卖方持有标准仓单量，取最小数进行配对。卖方配对后，其相应的标准仓单冻结，相应的交易保证金得到释放。最后交易日闭市时所有未平仓合约全部配对。

第二日，通知日（配对日后的下一交易日）。买卖双方通过交易所会员服务系统确认交割通知单。会员未收到交割通知单或者对交割通知单有异议的，应在通知日下午 5 时之前以书面形式通知交易所；规定时间内没有提出异议的，视为对交割通知单的认可。

第三日，交割日（通知日后的下一交易日）。上午9时之前，买方会员应当将尚欠货款划入交易所账户，卖方会员应当持有可流通的标准仓单。交易所结算部门为买卖双方办理交割结算手续，买卖双方在交割通知单注明的时间通过交易所会员服务系统查收交割结算结果，同时，买方会员把客户名称和税务登记证号等事项提供给卖方会员。交易所收取买方会员全额货款后，于交割日将全额货款的80%划转给卖方会员，同时将卖方会员的仓单交付买方会员。自交割日（不含该日）起七个交易日内，卖方必须向买方提供增值税专用发票。余款在买方会员确认收到卖方会员转交的增值税专用发票时结清。

另外，小麦期货的交割等级标准在本章第3个问题里已经说过，这里不再重复。同时，要注意强麦和硬麦交割对包装方式的不同规定：硬麦接收、储存、发运采用散粮方式；而强麦采用麻袋包装（1101合约及其以后合约改为散粮方式），其具体标准见郑州商品交易所的有关规定。

进口小麦能否用于交割？

郑州商品交易所小麦期货交割标准没有对小麦来源地作出限制，因此，只要符合强麦或硬麦交割标准，进口小麦也可以用于交割。

十九、小麦仓单注销和提货的流程及注意事项有哪些？

小麦仓单注销和提货的流程如图1－4所示：

硬麦出库时，降落数值不得低于260S，对高限不作要求。在标准水分、杂质范围内，交割仓库保证足量出库；水分超12.5%，在13%以内的，或杂质超1%，在1.2%以内的，客户应接收，分项目按每超0.1%扣0.2%的标准扣量，由交割仓库补足。

强麦出库时每包平均重量在水分溢短范围之内的，按标准包计算提货数量。破包、漏包应当重新标重。强麦出库水分溢短数量由货主承担，非水分

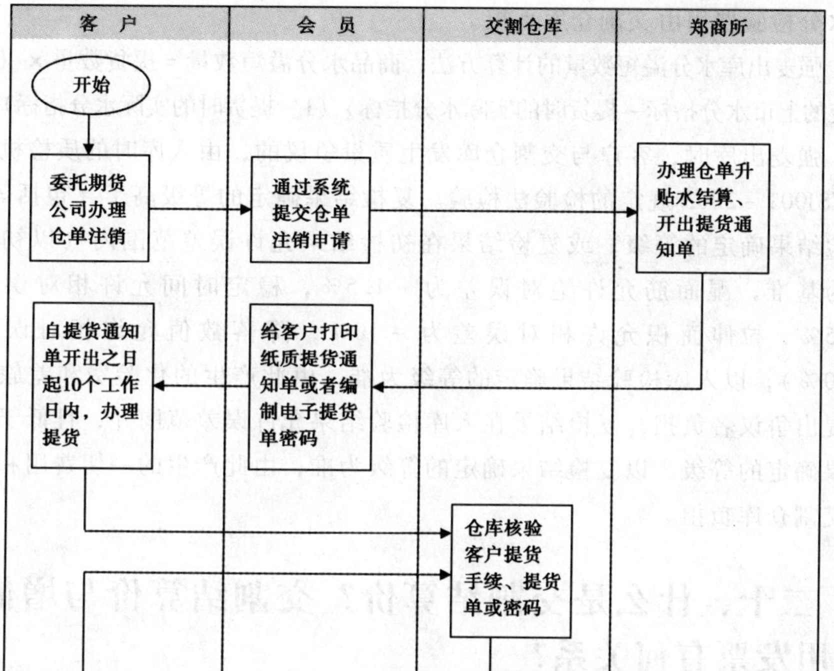

图 1-4　仓单注销及提货流程

减量的货款按照最近配对日结算价计算，由交割仓库承担并向货主支付。出库水分检验费用由交割仓库承担。

强麦出库水分溢短数量的计算方法：商品水分溢短数量 = 提货数量 ×（合约规定的上市水分指标 - 提货时的实际水分指标）(1 - 提货时的实际水分指标)。

强麦出库时，客户与交割仓库发生质量争议的，由入库时的质检机构按 Q/ZSJ001 - 2003 规定的检验法检验。复检结果确定的等级高于（包括等于）初检结果确定的等级，或复检结果在初检结果允许误差范围内（以初检结果为基准，湿面筋允许绝对误差为 - 1.5%，稳定时间允许相对误差为 - 15%，拉伸面积允许相对误差为 - 10%，降落数值允许相对误差为 - 10%），以入库检验结果确定的等级为准，由此产生的化验费和差旅费等由提出争议者负担；复检结果在入库检验结果允许误差范围外，且低于初检结果确定的等级，以复检结果确定的等级为准，由此产生的一切费用和责任由交割仓库负担。

二十、什么是交割结算价？交割结算价与增值税专用发票有何关系？

交割结算价是交割商品的计价基础，通常是期货合约交割配对日的结算价或该合约最后交易日的结算价。不同交易所对交割结算价的计算方法有所不同：大连商品交易所交割结算价根据不同交割方式确定，滚动交割配对日交割结算价采用期货合约配对日的当日结算价，滚动交割和集中交割最后交易日交割结算价采用该期货合约自交割月第一个交易日起至最后交易日所有成交价格的加权平均价；郑州商品交易所的交割结算价为期货合约配对日前 10 个交易日（含配对日）交易结算价的算术平均价；上海期货交易所的交割结算价为期货合约最后交易日的结算价（燃料油、黄金除外）。

那么，交割结算价与增值税专用发票有什么关系呢？简单来说，增值税计税价格为交割配对日结算价，而非建仓价。需要将交割商品货款还原为不含税价格，然后乘以增值税税率，而交割商品货款正是以交割结算价为基础，再加上商品等级升贴水、交割仓库升贴水及包装款。普通商品增值税率为 17%，包括小麦在内的农产品增值税率通常为 13%。计税价格可能高于建仓价，也可能低于建仓价，即可能多交税，也可能少交税。之所以按配对日结算价计税，是因为最终配对双方的建仓价往往是不同的，而计税价格必须相等。

【案例1—7】

卖方客户甲到期交割硬麦合约20手，配对日当日结算价为1858元/吨，配对日前10个交易日（含配对日）算术平均结算价为1850元/吨，最后交易日结算价为1860元/吨，硬麦等级贴水1%，交割仓库升水60元/吨，涉及的增值税金额如何计算（税率13%）？

硬麦期货合约交割结算价＝1850元/吨；

硬麦交割价格＝1850元/吨×（1－1%）＋60元/吨＝1891.5（元/吨）；

应交增值税＝1891.5元/吨×20手×10吨/手×13%/（1＋13%）＝43521.24（元）。

上例中我们已经了解到交割商品增值税如何计算，但这还不是交割结算价与增值税专用发票的全部关系。增值税专用发票的流转是一个复杂的过程。就郑州商品交易所来说，与交割商品相关的增值税专用发票的流转实际上存在两个过程，即基准交割价与升贴水分别计算、分开纳税。按照郑州商品交易所的规定，硬麦、强麦期货合约的交割基准价为该期货合约的基准交割品在基准交割仓库交货的含税价格，即交割结算价加上相应的增值税，这部分金额的增值税专用发票由交割卖方向对应的买方开具，由双方会员转交、领取并协助核实；而替代品升贴水、交割仓库升贴水和重量溢短价款在仓单注册、注销时划转，相应的增值税专用发票由标准仓单注册人向标准仓单注销人开具，交割仓库负责监督，同时交割仓库按照增值税适用税率收取押金，开具增值税发票后予以退还。

【案例1—8】

【案例1—7】中客户甲到期交割时应当向买方客户乙开具的增值税专用发票金额是多少？完成交割后，客户乙注销该20手标准仓单时，客户甲应当向客户乙开具的增值税专用发票金额是多少？

到期交割时客户甲开具的增值税专用发票金额为：1850元/吨×20手×10吨/手×13%/（1＋13%）＝42566.37（元）。

客户乙注销仓单时客户甲开具的增值税专用发票金额为：［60 元/吨 -（1850 元/吨 ×1%）］ ×20 手 ×10 吨/手 ×13%/（1 +13%） =954.87（元）。

二十一、什么是交割仓库？小麦期货有哪些交割仓库？

交割仓库是指交易所指定的为期货合约履行实物交割的交割地点。目前，郑州商品交易所指定的强麦期货交割仓库 11 个，硬麦期货交割仓库 14 个，主要分布在河南、河北、山东、江苏和陕西 5 个省。仓库名称及其分布如表 1 -7 和表 1 -8 所示：

表 1 -7　　强麦期货交割仓库

	仓库名称	地　址	铁路到站
1	山东济宁国家粮食储备库	山东省济宁市车站西路 67 号	济宁
2	陕西西瑞粮食储备库有限公司	西安西站 108 专线	西安西站 108 专线
3	河南新乡新华国家粮食储备库	新乡市解放路 425 号	新乡站（新乡新华国家粮食储备库专用线）
4	河北藁城永安国家粮食储备库	河北藁城永安路 18 号	河北藁城国家粮食储备有限责任公司铁路专用线
5	河北省粮食局直属机械化粮油储备库	河北省元氏县城北	元氏
6	河北邢台国家粮食储备库	邢台市中兴西大街 36 号	邢台
7	河北衡水和平路国家粮食储备库	衡水市和平东路道岔街 4 号	衡水
8	荷泽市粮油中转储备库	菏泽市人民南路 43 号	菏泽站
9	徐州国家粮食储备库	徐州市下淀路 174 号	徐州北（徐州国家粮食储备库专用线）
10	河南濮阳皇甫国家粮食储备库	河南濮阳市高新区黄河路西段	濮阳西站皇甫粮库专用线
11	河南郑州兴隆国家粮食储备库	郑州市南阳路北段粮仓路 1 号	海棠寺站粮食专用线

表 1-8　　硬麦期货交割仓库

	仓库名称	升贴水（元/吨）	地　址	铁路到站/码头
1	南京铁心桥国家粮食储备库	40	南京市栖霞区石埠桥河西里1号	江苏南京石埠寨粮库码头
2	中央储备粮西安大明宫直属库	0	西安市北二环东段井上村	西安东（中央储备粮西安大明宫直属库）
3	中央储备粮徐州直属库	0	江苏省徐州市铜山新区	高家营站中央储备粮徐州直属库专用线
4	河南濮阳国家粮食储备库	0	河南省濮阳市石化路东段	濮阳站河南濮阳国家粮食储备库专用线
5	河北藁城国家粮食储备有限责任公司	60	藁城市永安路新桥西169号	河北藁城国家粮食储备有限责任公司铁路专用线
6	邢台国家粮食储备分库有限责任公司	50	邢台市守敬南路119号	河北邢台国家粮食储备库有限公司专用线
7	德州天马粮油食品集团有限公司	60	德州经济开发区湘江路1号	北京铁路局长庄站
8	江苏省扬子江现代粮食物流中心	40	江苏省靖江市经济开发区新港园区	靖江经济开发区新港园区安宁港闸物流中心码头
9	中国华粮物流集团南通粮油接运有限责任公司	40	南通市任港路62号	南通粮油接运有限责任公司
10	中谷江阴工贸储运有限公司	40	江阴市经济开发区定山路2号	江阴滨江粮油码头
11	济宁市兖州粮库	20	兖州市酒仙桥北路3号	济宁市兖州粮库
12	河南新乡铁西国家粮食储备库	0	新乡市卫滨区立东路3号	新乡市二库专用线
13	河南安阳安林国家粮食储备库	0	安阳市柏庄镇青春村	郑州铁路局安阳站南货场
14	河北柏乡国家粮食储备库	50	河北省柏乡县镇内（柏镇路南侧）	临城站柏乡粮库专用线

二十二、如何计算小麦期货的交割费用？

交割费用是指期货交割发生的各种费用的总和，包括出入库费用、交割手续费、仓储费及检验费等。郑州商品交易所规定，硬麦、强麦运达交割仓库指定货位前的一切费用由卖方客户承担，从指定货位到装上车、船（汽车、火车、轮船）板的费用由买方客户承担。硬麦无包装物，强麦包装物价款（1101合约及其之后的合约变为无包装物）在标准仓单的所有权转移时一并结算。另外，自标准仓单注册之日起至交易所开出提货通知单前一日止，交易所代交割仓库收取仓储费，并于每月第一个交易日按月计算划转上个月发生的仓储费；其他费用由交割仓库直接向货主收取。目前，郑州商品交易所公布的强麦、硬麦交割费用如表1－9所示：

表1－9　　小麦交割费用

	强麦	硬麦	
入库费	汽车出入库费用8元/吨（含卸/装车、搬运、码/拆垛），火车出入库费用25元/吨（含卸/装车、库内运输、码/拆垛）	汽车散粮：6元/吨（卸车、入库、检验等）	其他方式出入库费用由客户与交割仓库协商
出库费		汽车散粮：5元/吨（扒垛、装车等）	
检验费	600元/垛（每垛≤300吨），加急检验每垛加收300元	"入库费"中已包含	
仓储费	0.3元/吨·天（含保险费），2012年12月1日起调整为0.4元/吨·天（含保险费）	0.25元/吨·天（含保险费）	
交割手续费	1元/吨	1元/吨	

【案例1—9】

客户甲于2009年6月1日卖出硬麦909合约30手，并于9月1日注册标准仓单30张，硬麦入库方式为汽车散粮。9月16日进行实物交割，交割数量30手，该客户承担的交割费用是多少？

入库费＝6元/吨×30手×10吨/手＝1800（元）

仓储费＝0.25元/吨·天×30手×10吨/手×16天＝1200（元）

交割手续费＝1元/吨×30手×10吨/手＝300（元）

总交割费用＝1800元＋1200元＋300元＝3300（元）

【案例1—10】

客户乙是与客户甲配对交割的买方，交割数量30手，并将这批硬麦于9月24日出库，该客户承担的交割费用是多少？

仓储费 = 0.25 元/吨 · 天 ×30 手 ×10 吨/手 ×8 天 = 600（元）

出库费 = 5 元/吨 ×30 手 ×10 吨/手 = 1500（元）

交割手续费 = 1 元/吨 ×30 手 ×10 吨/手 = 300（元）

总交割费用 = 600 元 + 1500 元 + 300 元 = 2400（元）

二十三、什么是期转现？企业应该如何进行期转现？

“期转现”即期货转现货，是指持有同一品种、同一交割月份合约的多空双方之间达成现货买卖协议后，变期货部位为现货部位的交易。达成期转现协议的双方共同向交易所提出申请，获得交易所批准后，分别将各自持仓按双方达成的平仓价格由交易所代为平仓（现货的买方在期货市场应当持有多头部位，现货的卖方在期货市场应当持有空头部位），同时双方按达成的现货买卖协议进行与期货合约标的物品种相同、数量相当的现货交换。

期转现是国际期货市场中长期实行的交易方式，在商品期货、金融期货中都有广泛应用。现货企业利用期转现具有以下优越性：

（1）可节约期货交割成本，如搬运、仓储、包装等费用；

（2）可提高资金利用率；

（3）可同时锁定期货市场和现货市场风险；

（4）兼具远期交易和期货交易的灵活性与安全性。

【案例 1—11】

甲方持有某强麦期货合约多头仓位，建仓成本 1700 元/吨，乙方持有同月份、同数量的强麦期货合约空头仓位，建仓成本 1900 元/吨。强麦搬运、储存、利息等交割成本 60 元/吨，由卖方支付。双方协商进行期转现交易，商定的平仓价格为 1820 元/吨，商定的强麦现货买卖价格为 1800 元/吨。期货转现货后，甲乙双方的收益（节约的成本）各是多少？

（1）甲方在期货市场的盈利 = 1820 元/吨 - 1700 元/吨 = 120（元/吨）

甲方实际购入强麦的价格 = 1800 元/吨 - 120 元/吨 = 1680（元/吨）

甲方节约的成本 = 1700 元/吨 - 1680 元/吨 = 20（元/吨）

（2）乙方在期货市场的盈利=1900元/吨-1820元/吨=80（元/吨）

乙方实际销售强麦的价格=1800元/吨+80元/吨=1880（元/吨）

乙方进行期货交割时的实际销售价格=1900元/吨-60元/吨=1840（元/吨）

乙方的收益=1880元/吨-1840元/吨=40（元/吨）

在上例中我们看到，甲乙双方的收益总额=20元/吨+40元/吨=60（元/吨），正好等于强麦搬运、储存、利息等交割成本。需要注意的是，用标准仓单期转现涉及提前交收节省的利息和储存费用，用标准仓单以外的货物期转现涉及节省的交割费用、仓储费、利息和货物等级差异，期转现商定的平仓价和现货交收价的差额一般要小于这些费用之和，交易双方才能都获益。

那么，现货企业应该如何进行期转现呢？不同的交易所对实施细则的规定略有不同，但其基本流程为：（1）寻找交易对手（拟进行期转现的一方可以自行寻找交易对手，也可通过交易所会员服务系统发布期转现意向）。（2）交易双方商定平仓价和现货交易价格。（3）在规定的时间内向交易所提交期转现申请。（4）交易所批准后，双方持仓按照商定的平仓价由交易所代为平仓（平仓价格需符合交易所规定的价格范围）。（5）双方按照商定的现货价格进行现货交收（可选择用标准仓单或非标准仓单进行期转现）。

自　测　题

一、单项选择题

1. 期货合约是指由（　）统一制定的，规定在将来某一特定时间和地点交割一定数量和质量商品的标准化合约。

A. 中国证监会　　B. 期货交易所

C. 期货行业协会　　D. 期货经纪公司

2. 期货合约与现货合同、现货远期合约的最本质区别是（　）。

A. 期货价格的超前性　　B. 占用资金的不同

C. 收益的不同　　D. 期货合约条款的标准化

3. 郑州商品交易所小麦期货合约交割月份为（　）。

A. 1、3、5、7、9、11月

B. 1、3、5、8、9、11月

C. 2、4、6、8、10、12月

D. 1、3、4、5、6、7、8、9、10、11、12月

4. 强麦期货合约的最小变动价位是(　　)。

A. 1元/吨　　B. 2元/吨

C. 5元/吨　　D. 10元/吨

5. 某客户在7月2日买入9月强麦期货合约一手，成交价2110元/吨，该合约当天收盘价为2102元/吨，结算价为2100元/吨。一般情况下该客户在7月3日，最高可以按照(　　)元/吨的价格将该合约卖出。

A. 2165　　B. 2166

C. 2163　　D. 2173

6. 郑州商品交易所小麦期货最后交易日为合约交割月份的倒数第(　　)个交易日。

A. 1　　B. 3

C. 5　　D. 7

7. 硬麦期货合约与强麦期货合约的区别在于(　　)。

A. 标的物不同　　B. 交易时间

C. 交易单位不同　　D. 上市交易所不同

8. 某硬麦期货合约的卖出报价为2080元/吨，买入报价为2085元/吨，前一成交价为2078元/吨，那么该合约的撮合成交价应为(　　)元/吨。

A. 2080　　B. 2085

C. 2078　　D. 2081

9. 我国期货交易的保证金分为(　　)和交易保证金。

A. 交易准备金　　B. 交割保证金

C. 交割准备金　　D. 结算准备金

10. 6月5日，某客户在大连商品交易所开仓卖出硬麦期货合约40手，成交价为1820元/吨，当日结算价格为1822元/吨，交易保证金比例为8%，则该客户当天须缴纳的交易保证金为(　　)。

A. 58304元　　B. 58240元

C. 58204 元　　D. 58340 元

11. 某客户强麦期货合约保证金比例为10%，则该客户进行期货交易的杠杆比例是(　　)。

A. 5 倍　　B. 10 倍

C. 15 倍　　D. 20 倍

12. 强麦标准仓单的有效期为：N 年生产的小麦注册的标准仓单，有效期至 N + (　　)年 7 月最后 1 个工作日。

A. 1　　B. 2

C. 3　　D. 4

13. 我国实物商品期货合约的最后交易日是指某种期货合约在交割月份中进行交易的最后一个交易日，过了这个期限的未平仓期货合约，必须进行(　　)。

A. 实物交割　　B. 对冲平仓

C. 协议平仓　　D. 票据交换

14. 郑州商品交易所指定的强麦期货交割仓库有(　　)个，硬麦期货交割仓库有(　　)个。

A. 11，14　　B. 14，11

C. 11，15　　D. 15，11

15. 郑州商品交易所小麦期货交割结算价的确定方法是(　　)。

A. 期货合约配对日的当日结算价

B. 期货合约自交割月第一个交易日起至最后交易日所有成交价格的加权平均价

C. 期货合约配对日前10个交易日（含配对日）交易结算价的算术平均价

D. 期货合约最后交易日的结算价

16. 硬麦期货于1998年上市，经过几年的运行，市场逐渐成熟，并于(　　)在郑州商品交易所上市了强麦期货，使得小麦期货品种逐渐完善。

A. 2001 年　　B. 2002 年

C. 2003 年　　D. 2004 年

17. 国外上市小麦期货的交易所上市合约月份均为(　　)几个月份，合约单位均为(　　)蒲式耳。

A. 3月、5月、7月、9月和12月，3000

B. 3月、5月、7月、9月和11月，3000

C. 3月、5月、7月、9月和11月，5000

D. 3月、5月、7月、9月和12月，5000

二、多项选择题

1. 根据合约标的物的不同，期货合约分为(　　)和(　　)。

A. 商品期货合约　　B. 金融期货合约

C. 农产品期货合约　　D. 股指期货合约

2. 目前国内期货交易所有(　　)。

A. 深圳商品交易所　　B. 大连商品交易所

C. 郑州商品交易所　　D. 上海期货交易所

3. 下列有关结算公式描述正确的是(　　)。

A. 当日盈亏 = 平仓盈亏 + 持仓盈亏

B. 持仓盈亏 = 历史持仓盈亏 + 当日开仓持仓盈亏

C. 历史持仓盈亏 = （当日结算价 - 开仓当日结算价） × 持仓量

D. 平仓盈亏 = 平历史仓盈亏 + 平当日仓盈亏

4. 下面对我国期货合约交割结算价描述正确的是(　　)。

A. 有的交易所是以合约交割配对日的结算价为交割结算价

B. 有的交易所以该期货合约最后交易日的结算价为交割结算价

C. 有的交易所以交割月份第一个交易日到最后交易日所有结算价的加权平均价为交割结算价

D. 交割商品计价以交割结算价为基础

5. 以下可以进行期转现的情况有(　　)。

A. 在期货市场上持有反向持仓的买卖双方，拟用标准仓单进行期转现

B. 在期货市场上持有反向持仓的买卖双方，拟用标准仓单以外的货物进行期转现

C. 未参与期货交易的生产商与期货多头持仓进行期转现

D. 买卖双方为现货市场的贸易伙伴在期市建仓希望远期交货价格稳定

三、判断题

1. 期货合约的标准化和保证金制度的实行，促成了真正意义上的期货交易的诞生。 （ ）

2. 郑州商品交易所小麦期货合约包括硬白小麦期货合约和优质强筋小麦期货合约。 （ ）

3. 郑州商品交易所强麦期货合约的交易单位是5吨/手。 （ ）

4. 郑州商品交易所对强麦、硬麦期货合约的交割月份规定是一样的。 （ ）

5. 在开盘价集合竞价中，高于开盘价的买入申报将全部成交，低于开盘价的卖出申报也将全部成交。 （ ）

6. 开盘集合竞价在开市前5分钟内进行，其中前4分钟为期货合约买、卖指令申报时间，后1分钟为集合竞价撮合时间，开市时产生开盘价。 （ ）

7. 我国统计持仓量时采用单边统计原则。 （ ）

8. 进口小麦不能用于郑州商品交易所的实物交割。 （ ）

9. 在进行实物交割时，买卖双方均是以交易所公布的交割结算价为实际交割商品的价格。 （ ）

10. 在期转现交易中，交易双方可以用仓单期转现，也可以用仓单以外货物进行期转现。 （ ）

11. 我国是世界上最大的小麦生产和消费国。 （ ）

12. 优质小麦与普通小麦种植面积、产量、供应量、需求消费量基本上没有什么联系。 （ ）

四、计算题

1. 6月5日，某客户开仓买进9月强麦期货合约20手，成交价格2210元/吨，当天平仓10手合约，成交价格2220元/吨，当日结算价格2215元/吨，交易保证金比例为5%，则该客户当天的平仓盈亏、持仓盈亏和当日交易保证金分别是（ ）。

A. 500元，－1000元，11075元

B. 1000 元，500 元，11075 元

C. －500 元，－1000 元，11100 元

D. 1000 元，500 元，22150 元

2. 某客户到期交割强麦合约 30 手，配对日当日结算价为 1950 元/吨，配对日前 10 个交易日（含配对日）算术平均结算价为 1930 元/吨，最后交易日结算价为 1935 元/吨，无商品质量升贴水和交割仓库升贴水，涉及的增值税金额为(　　)。

A. 328.1 元　　B. 75270 元

C. 66610.62 元　　D. 66783.19 元

3. 某客户于 2009 年 6 月 1 日卖出强麦 909 合约 30 手，并于 9 月 1 日注册标准仓单 30 张，汽车入库。9 月 16 日进行实物交割，交割数量 30 手，该客户承担的交割费用为(　　)。

A. 4140 元　　B. 4500 元

C. 4740 元　　D. 9840 元

4. 客户甲买入持有某硬麦期货合约，建仓成本 1600 元/吨，客户乙持有同月份、同数量但方向相反的硬麦期货合约，建仓成本 1800 元/吨。强麦搬运、储存、利息等交割成本 30 元/吨，由卖方支付。双方协商进行期转现交易，商定的平仓价格为 1720 元/吨，商定的硬麦现货买卖价格为 1700 元/吨。期货转现货后，客户甲节约的成本为(　　)元/吨，客户乙的收益为(　　)元/吨。

A. 20，10　　B. 10，20

C. 10，10　　D. 20，20

参考答案

一、单项选择题

1. B	2. D	3. A	4. A	5. C	6. D
7. A	8. A	9. D	10. A	11. B	12. B
13. A	14. A	15. C	16. C	17. D	

二、多项选择题

1. AB　2. BCD　3. ABD　4. ABCD　5. ABD

三、判断题

1. 对　2. 对　3. 错　4. 对　5. 对　6. 对
7. 错　8. 错　9. 错　10. 对　11. 对　12. 错

四、计算题

1. B　2. C　3. C　4. A

第二章
参与小麦期货的风险与风险规避

【本章要点】

从事期货投资应当时刻牢记实施控制风险。通过阅读本章可以初步了解从事小麦期货交易过程中可能面临的各种风险及应当采取的应对措施，不断树立和强化风险观念。

一、期货市场有哪些风险？

期货交易所特有的保证金交易、双向交易、对冲平仓等特点使其具有了高风险高收益的特点。与其他市场的风险相比，期货市场的风险是复杂的和多样的。按照不同的标准，可以把期货市场的风险划分为不同的种类。

按照风险的成因划分，期货市场的风险包括市场风险、信用风险、流动性风险、现金流风险、操作风险和法律风险。其中，市场风险是指因价格波动使投资者持有的期货合约的价值发生变化的风险，是最需要重视的风险；信用风险是指由于交易对手不履行履约责任而导致投资者面临的风险，现代期货交易市场发生这一风险的概率很小；流动性风险是指由于某一期货合约流动性不足（交易不够活跃或行情变化走入极端）而导致投资者无法及时以合理价格建立或了结头寸的风险；现金流风险是指投资者资金无法满足保证金要求时，其持有头寸面临强行平仓的风险；操作风险是指由于信息系统或内部控制方面的缺陷而导致意外损失的风险；法律风险是指期货交易的相关行为（如期货经纪合同、交易对象、税收处理等）与法律法规发生冲突以致当初预期的经济效果无法实现甚至蒙受损失的风险。

按照期货交易环节划分，期货市场的风险包括代理风险、交易风险和交割风险。其中，代理风险是指投资者选择期货公司确立代理关系的过程中产生的风险，这与期货公司是否具有合法的代理资格、规模大小、资信情况、经营状况等有关；交易风险是指投资者在交易过程中产生的风险。市场风险、流动性风险、现金流风险、操作风险都属于交易风险。交割风险是指客户在准备或进行期货交割时产生的风险。信用风险属于交割风险。

按照风险是否可控划分，期货市场的风险包括可控风险和不可控风险。其中，可控风险是指通过期货市场有关主体采取必要措施，如保证金制度、每日无负债结算制度、限仓制度等，可以控制或管理的风险——期货市场的风险管理重点是可控风险的管理；不可控风险是指产生和形成于期货市场外部，期货市场相关主体无法控制的风险，包括由于宏观环境变化导致的风险和政策因素导致的风险。

按照风险产生的主体划分，期货市场的风险来自期货交易所、期货公司、投资者、政府等主体。期货交易所是风险防范和管理的重要主体，但若管理不善，反而会加大市场风险。期货交易所风险主要包括管理风险和技术风险，前者指交易所风险管理制度不健全或执行不力等原因导致的风险，后者指计算机交易系统或通讯信息系统故障导致的风险。期货公司风险包括因其主观故意或管理不善导致的风险和客户违规给期货公司带来的风险；投资者风险包括期货公司选择不当的风险和自身投资决策失误或违规交易产生的风险。政府风险包括政策风险和监管风险。

二、如何规避代理风险？

代理风险是指客户在选择期货公司确定代理关系的过程中产生的风险，是投资者进入期货市场可能会面临的第一个风险。投资者在选择期货公司时，应对期货公司的资格、规模、资信、经营状况等进行了解和对比，选择最合适的期货公司签订期货经纪合同，如果选择不当，就会给将来的期货交易及交割带来不便甚至风险。

实际上，近十年来，中国证监会、期货业协会等期货市场相关管理部门和三家期货交易所在完善风险控制机制、降低投资者代理风险方面做了大量的工作，如强化期货公司风险控制和合规审查、加强期货业从业人员管理、实施保证金第三方存管制度、升级换代计算机技术和电子化交易系统，等等。整体而言期货公司在风险管理、合规经营、保护投资者权益等各方面都有了长足的发展和进步，但在期货公司内部，仍然存在包括规模、资信、经营状况等诸多差异，我们应该选择什么样的期货公司才能避免产生代理风险呢？一般来说，有如下几个基本标准：

第一，具有从事期货经纪业务主体资格。必须选择有从事期货经纪业务主体资格的期货公司，这是选择期货公司的最基本标准。我国《期货交易管理条例》明确规定，未经国务院期货监督管理机构批准，任何单位或者个人不得设立或者变相设立期货公司，经营期货业务。与没有从事期货经纪业务主体资格的经营机构签订的期货经纪合同属无效合同，客户权益不受法律保护。目前，我国具有从事期货经纪业务主体资格的期货公司共有 165 家，其名录在中国证监会网站（http：//www. csrc. gov. cn）公布，投资者可以从这 165 家期货公司中择优选择。

第二，资本金雄厚。资本金是衡量期货公司风险承受能力的重要指标，交易所在风险准备金、结算准备金、持仓限额制度、违约处理等诸多方面都对期货公司的资金实力作出了规定和要求。选择资本金雄厚的期货公司能够为投资者的权益安全提供更多保障。

第三，风险控制制度完善。风险控制是期货公司内控体系的核心和经营管理的生命线，风险控制制度完善的期货公司能够很好地管理、控制其自身和客户的风险，为客户财产安全提供良好的保障。

第四，经营规范、经营状况良好。期货公司经营不规范、从业人员违规操作、交易网络及设备故障、经营状况恶化、自有资金不足等问题都会给投资者带来不同程度的风险，因此我们在选择期货公司时需要考察期货公司的经营规范程度和经营状况是否良好，以免给自身带来不便及损失。

上述四个方面是投资者选择期货公司的基本标准，在此基础上，投资者可以综合考虑期货公司服务质量、手续费标准、保证金收取标准、期货业务相关操作规则、营业部所属地区等方面选择合适的期货公司签订期货经纪合同确立代理关系。

三、你了解小麦的价格波动风险吗?

价格波动是导致市场风险的直接原因，价格风险是投资者的主要风险源。在市场经济条件下，商品价格受供求关系影响而上下波动。实践证明，商品价格波动存在一定的规律，如果能较为准确地把握价格波动的规律，投资者就可以尽量规避市场风险。

对农产品期货而言，价格表现出季节性波动的特征，这是因为农产品的生产存在周期性的特点。一般来说，农产品收获时市场价格较低，之后随着时间的推移逐步走高，在消费旺季来临时达到最高点。了解农产品的季节性特征，可以帮助我们从整体上把握期货价格的走向，对投机者、套保者和套利者都大有裨益。需要注意的是，“历史总是惊人的相似，但决不会重演”。由于每年的具体情况并非完全一样，有时也会因为特殊原因出现反季节行情。聪明的投资者要善于把握规律，但又不完全拘泥于所谓的规律。

那么，小麦的价格波动规律又是怎样的呢？小麦期货作为一种农产品期货，其价格也呈现出季节性波动的规律，如图 2－1 所示：

小麦价格波动可分为以下几个阶段：

（1）1～3 月份，小麦价格稳步攀升，并在 3 月出现自然年内的第一个高点。这是由于面粉加工企业加大了小麦采购量，小麦消费得到支撑。

（2）4～6 月份，小麦价格逐渐走低，直至 6 月份冬小麦收获时出现年内第一个低点。这是由于新作小麦收获对市场价格造成了压力（我国冬小麦的播种时间为 9～10 月份，次年的 5～6 月份收获）。

（3）7～9 月份，小麦价格再次上涨，并在 9～11 月份形成一年中的第二个高价区域。这是因为，一方面，小麦收获的季节性压力已经过去，消费逐渐占据主导地位；另一方面，国家在每年的 5～9 月份对小麦实行最低收购价政策，对小麦价格具有很强的支撑作用。

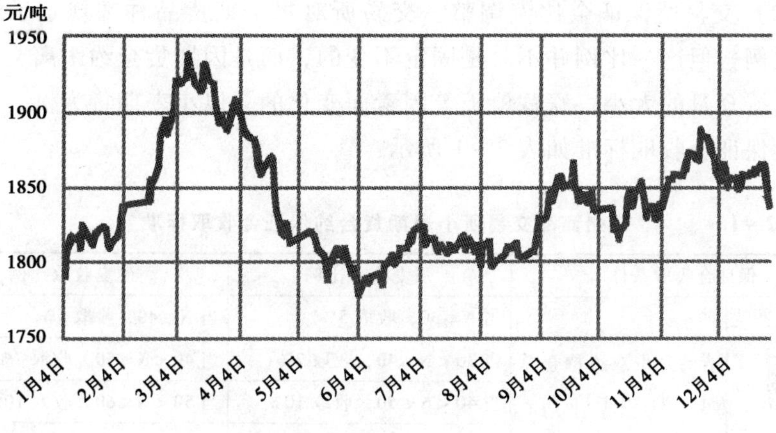

图 2－1　小麦价格季节性波动规律

（4）11 月份以后，小麦价格再次出现回落。

可见，小麦作为我国最重要的粮食品种之一，其国内价格波动既具有农产品周期生产特性所导致的季节性波动的一般规律，又受到国家政策的影响和左右。目前，我国已经形成每年 5～9 月小麦实行最低收购价政策和常年拍卖最低收购价小麦的政策体系。因此，我们在把握小麦价格波动规律的时候，不仅要考虑供求关系的季节性变动，还要考虑政策因素的影响。

四、现金流风险是怎样产生的？

现金流风险又称为资金量风险，是指投资者保证金账户资金量无法满足交易所保证金要求时，其持有的期货头寸面临强行平仓的风险。导致现金流风险的直接原因有以下两个方面：

（1）价格波动导致投资者亏损。期货交易采用保证金交易，具有杠杆机制，这使得投资者风险和收益都数倍乃至数十倍的放大。例如，当保证金比例为 5% 时，如果期货合约价格波动 1%，那么投资者盈亏波幅将高达 20%。可见，期货交易的杠杆机制使原本就存在的价格风险成倍放大，价格的小幅波动就可能带来投资者保证金的大量损失。当投资者由于亏损导致资金量无法满足交易所保证金要求时，其持有的期货头寸就面临被强行平仓的风险。

（2）交易所保证金比例调整。交易所对每个期货品种都规定了最低保证金比例，但这一比例并不总是固定不变的，而是因期货合约距离交割期的远近、持仓量的大小、涨跌停板等因素而变化的。以小麦期货为例，不同条件下其保证金收取标准如表 2－1 所示：

表 2－1　　郑州商品交易所小麦期货合约保证金收取标准

保证金收取条件		强麦收取比例	硬麦收取比例
一般月份	合约月份双边持仓总量（N，万手）	当 N≤30，收取 5%	当 N≤40，收取 5%
		当 30＜N≤40，收取 7%	当 40＜N≤50，收取 7%
		当 40＜N≤50，收取 10%	当 50＜N≤60，收取 10%
		当 N＞50，收取 12%	当 N＞60，收取 12%
交割月前一个月	上旬	8%	8%
	中旬	15%	15%
	下旬	25%	25%
交割月		30%	30%
涨跌停板	D1 交易日涨（跌）停板	在原交易保证金标准基础上提高 50%	在原交易保证金标准基础上提高 50%
	D2 交易日连续同方向涨（跌）停板	维持 D1 交易日保证金标准	维持 D1 交易日保证金标准
	D3 交易日连续同方向涨（跌）停板	维持 D2 交易日保证金标准	维持 D2 交易日保证金标准

可以看到，一般月份的小麦期货合约保证金比例会因持仓量的变化而作出调整；出现涨跌停板或其他交易所认为有必要的情况时也会相应调整；交割月前一个月的期货合约会随着时间的推移而调整；进入交割月后，小麦期货的保证金比例会增加至 30%。因此，当交易所保证金比例调高时，可能会导致投资者资金量不足而发生强行平仓。

通过上面的分析可以看到，除了期货合约即将进入交割月及交割月前一个月时，投资者可以预见到保证金比例的调整而采取平仓等相关措施（注意：根据交易所规定，自然人投资者在持有期货合约进入“交割月前一个月”之前的最后一个交易日必须平仓离场）以外，不管是交易所调整保证金比例还是由于亏损导致现金流风险，都具有不可预见性。那么，如何规避现金流风险呢？在下一个问题中我们会详细解答。

五、如何规避现金流风险？

现金流风险是投资者需要重点关注的风险之一。通过上文的分析我们已经知道，大部分导致现金流风险的原因具有不可预见性和不可控性，那么是不是说现金流风险无法规避呢？答案显然是否定的。实际上，不管导致现金流风险的原因是什么，都可以总结为一点，即投资者资金管理不善。保证金分为交易保证金和结算准备金，如果在期货交易中我们始终留有充足的结算准备金（即投资账户中未被合约占用的资金），那么不管是出现亏损还是保证金比例调整，我们都会有足够的回旋余地，从而避免期货头寸被强行平仓的风险。

【案例 2—1】

客户甲保证金账户余额为 10 万元，于 5 月 15 日动用 8 万元开仓买入 9 月强麦期货合约 80 手，成交价 2000 元/吨，当日结算价 2020 元/吨，当日该合约双边持仓量为 45 万手，该客户是否出现现金流风险？

当日该合约双边持仓量为 45 万手，则交易所最低保证金比例调整为 8%；

当日结算准备金余额 = 100000 - 2020 × 80 × 10 × 8% + (2020 - 2000) × 80 × 10 = -13280 < 0，不满足保证金要求，出现现金流风险。

【案例 2—2】

客户乙保证金账户余额也为 10 万元，于 5 月 15 日动用 5 万元开仓买入 9 月强麦期货合约 50 手，成交价 2000 元/吨，当日结算价 2020 元/吨，当日该合约双边持仓量为 45 万手，该客户是否出现现金流风险？

当日该合约双边持仓量为 45 万手，则交易所最低保证金比例调整为 8%；

当日结算准备金余额 = 100000 - 2020 × 50 × 10 × 8% + (2020 - 2000) ×

$50 \times 10 = 29200 > 0$，满足保证金要求，没有出现现金流风险。

可以看到，甲、乙两个客户买入强麦期货合约时的仓位（交易保证金占总资金的比例）各为 80% 和 50%，而其他条件完全相同，正是由于这一区别，使得二人在交易所调高保证金比例时面临完全不同的情况，客户甲如果不能在规定时间内追加保证金，就面临被强行平仓的风险。

上面的例子足以说明仓位控制的重要性。进行期货交易时，仓位越高，投资者面临的潜在风险就越大；但仓位越低，资金的利用率也越低。那么，仓位应设置为多少比较合适呢？一般而言，仓位设置的高低与期货价格的波动性及投资者对市场的了解程度有关。实践表明，初入市场的投资者在进行期货交易时，仓位控制在 30% 以内较为合适；熟练的投资者仓位可适当提高，但最多也不应超过 50%。某些经过精确计算和检验的专业交易方法，如某些程序化交易方法，也只能使安全仓位提高至 60% 左右的水平。

当然，资金管理不仅仅指仓位的设置，它包括所有与资金有关的配置问题，如各个市场（品种）资金的分配、投资组合的设计、止损止赢的设置，等等，这些都是需要投资者进一步学习和摸索的东西。另外，投资者在其持仓过程中应随时关注自己的持仓盈亏、保证金及权益变化情况，妥善处理自己的交易头寸。

六、单子被套，遭遇涨跌停板如何处理？

首先，我们了解一下什么是涨跌停板制度？所谓涨跌停板制度，又称每日价格最大波幅限制，是指期货合约在一个交易日内的价格波动不得高于或低于某个规定的涨跌幅度，超过该涨跌幅度的报价视为无效报价，不能成交。期货合约涨跌停板价格的确定以上一交易日结算价为基础，再乘以一定的百分比得出（国际上也有加减一个固定数值的做法）。之所以制定涨跌停板制度，是因为每日结算制度只能将风险控制在一个交易日，如果日内期货价格发生剧烈波动，仍可造成会员或客户的保证金账户大面积亏损甚至透支，届时期货交易所将难以担保合约的履行及控制风险。另外，涨跌停板制度锁定了会员和客户的每日最大亏损，为保证金制度的实施创造了有利条件。

那么，投资者的单子被套，遭遇涨跌停板该如何处理呢？实际上，投资者只有两种选择：平仓或继续持仓。但是，无论选择平仓还是继续持仓，都要把风险控制放在首位。

通常来说，当期货价格波动达到涨跌停板幅度时，往往表明价格上涨或下跌的动能十分强烈，尤其是当期货合约价格波动达到涨跌停板价格并持续至收盘（通常称为涨跌停板未打开）时，第二个交易日该合约价格同方向变动的概率非常大。换句话说，如果今日某期货合约以涨停板报收且涨停板未打开过，那么该合约明日继续上涨的可能性极大。因此，从价格波动的角度说，当出现涨跌停板时，被套（即持有反方向头寸）的投资者选择平仓是比较明智的。还有一种情况，当出现涨跌停板时，交易所将调高保证金比例，如果投资者预见到保证金比例的调整将使自己面临强行平仓的风险（实际上，这种情况下期货公司会及时通知客户追加保证金），但又无法按时追加保证金的，也应该选择平仓。按照交易所的规定，当期货合约以涨跌停板价格成交，成交撮合原则为平仓优先和时间优先。也就是说，当期货价格封在涨跌停板位置时，投资者的挂单（已经下达的但尚未成交的交易指令）将按照平仓优先和时间优先的原则排序，排在后面的单子往往至收盘时也无法成交。因此，此时投资者即便想平仓也未必能平掉，这一点尤其要引起投资者注意。

那么，什么情况下可以继续持仓呢？首先，投资者必须保证金充足，或能够按规定及时追加保证金，才具备继续持仓的条件。在此前提下，以下情况可继续持仓：第一，投资者基于自己对未来价格走势的判断，认为自己的持仓方向是正确的，并能够承受目前和未来可能出现的亏损。第二，投资者持有的是套保仓位，已经锁定了现货市场和期货市场的风险。

什么是单边市

单边市又称为涨（跌）停板单方无报价，是指某期货合约在某一交易日收盘前5分钟内出现只有停板价位的买入（卖出）申报、没有停板价位的卖出（买入）申报，或者一有卖出（买入）申报就成交、但未打开停板价位的情况。

七、什么情况下会被要求追加保证金？遇到要求追加保证金怎么办？

根据交易所的规定，当每日结算时会员结算准备金低于最低余额，或交易所在交易期间出于控制风险的考虑认为有必要时，将向会员发出追加保证金通知。结算准备金未按时补足且余额为负数的，交易所有权对该会员持仓强行平仓。那么，在相应的情况下，期货公司也会向符合条件的客户发出追加保证金通知。

除交易所根据市场风险和整体保证金变动等情况临时发出追加保证金通知以外，期货公司通常以风险率作为是否发出追加保证金通知的标准。所谓风险率，是指客户保证金账户中被合约占用的保证金与该客户权益的比值，即交易保证金/资金总额，是衡量客户期货持仓风险的一项重要指标。理论上来说，风险率为100%时，客户资金全部被合约占用，客户风险达到最大。这是因为，此时一旦期货价格发生不利变动（与客户持有头寸方向相反的变动）导致亏损，客户总资金将不足以缴纳交易保证金。但实际上，期货公司向客户收取的保证金比例高于交易所最低保证金标准，这在一定程度上控制了客户风险，因而期货公司可以允许客户风险率超过100%的情况。不同的期货公司收取的保证金比例不同，因而对最高风险率的标准也有差异，一般来说，当客户风险率达到或超过100%～120%时，会被要求追加保证金。关于追加保证金的规则具有共通性，小麦期货交易也适用。

客户接到追加保证金通知后，可以选择追加保证金或平仓。选择追加保证金的，一般情况下必须在下一个交易日开市前或开市后10～30分钟内补足，否则将按规则强行平仓；特殊情况按交易所规定执行。这里需要注意的是，目前五大结算银行，即工商银行（理财金或灵通卡）、交通银行（太平洋卡）、农业银行（金穗卡）、中国银行（长城电子借记卡）和建设银行（储蓄龙卡，理财卡，活期存折）的银期转账时间都为每日早上8：45至下午15：30，投资者可在该时间段内通过银行转账追加保证金。选择平仓的，平仓数量以客户资金能够满足剩余头寸保证金要求为标准，平仓价格为市场交易价格。当然，平仓数量可以大于上述标准，但至少是这个数量。

【案例 2—3】

某客户保证金账户余额为 20 万元，于 8 月 15 日开仓买入 11 月强麦期货合约 120 手，成交价 2000 元/吨，当日结算价 1960/吨，期货公司保证金比例为 8%，当风险率超过 120% 时会向客户发出追加保证金通知。当日结算时该客户是否会被要求追加保证金？

该客户交易保证金 = 1960 元/吨 × 120 手 × 10 吨/手 × 8% = 188160（元）。

该客户权益 = 200000 元 + （1960 - 2000）元/吨 × 120 手 × 10 吨/手 = 152000（元）。

该客户风险率 = 188160 ÷ 152000 = 123.8% > 120%，因此会被要求追加保证金。

【案例 2—4】

该客户收到追加保证金通知后决定平仓来满足保证金要求，其平仓数量至少是多少？

该客户可被合约占用的保证金最多为 152000 元 × 120% = 182400（元）。

该客户持有的合约数量最多为 182400 ÷（1960 元/吨 × 10 吨/手 × 8%）= 116（手）。

该客户平仓数量至少 = 120 手 - 116 手 = 4（手）。

八、资金充足，为什么会被强行平仓？强行平仓是如何进行的？

强行平仓是指当会员、客户违反交易所相关业务规定时，交易所对其违规持有的相关期货合约持仓予以平仓的强制措施。根据期货交易所的规定，会员或者客户有下列情形时，交易所有权进行强行平仓：（1）结算准备金余额（以交易所保证金比例计算）小于零并未能在规定时间内补足的；（2）持仓量超出其限仓规定的；（3）进入交割月份的自然人持仓；（4）因违规受到交易所强行平仓处罚的；（5）根据交易所的紧急措施应予强行平仓的；

(6) 其他应予强行平仓的情况。因此，即使投资者资金充足，在上述(2) ~ (6) 项情形下仍然会被强行平仓。

强行平仓前先由会员自行平仓，除交易所特别规定的时限外，一律为开市后30分钟内。会员未在规定时限内平仓完毕的，交易所强制执行。由会员自行平仓的，属前条第（1）、（2）、（3）项情形的，由会员自行确定强行平仓的头寸，平仓结果符合交易所规定即可；属前条第（4）、（5）、（6）项情形的，由交易所确定强行平仓的头寸。由交易所执行强行平仓的，交易所按照会员提供的平仓名单进行强行平仓，会员没有提供平仓名单时按下列程序执行：①属第（1）项情形的，按照上一交易日闭市后期货合约总持仓量由大到小顺序，先选择持仓量大的期货合约作为强行平仓的期货合约，再按照该会员客户该期货合约的净持仓亏损由大到小确定；多个会员均需要强行平仓的，按追加保证金由多到少的顺序，先强平需要追加保证金多的会员。②属第（2）项情形的，按照先强平客户超仓后强平会员超仓的原则进行，客户超仓的，按照超仓量由大到小的顺序进行强行平仓；多个会员超仓的，按照会员超仓量由大到小的顺序作为强行平仓的对象；对具体会员的强行平仓，由交易所按会员超仓数量与会员持仓数量的比例确定有关客户的平仓数量，并对客户按持仓由大到小的顺序进行强行平仓。③属第（3）项情形的，按照上一交易日闭市后自然人期货合约持仓由大到小顺序进行强行平仓。④属第（4）、（5）、（6）项情形的，强行平仓头寸由交易所根据涉及的会员和客户具体情况确定。⑤会员同时满足第（1）、（2）、（3）项情况，交易所先按第（2）、（3）项情况确定强行平仓头寸，再按第（1）项情况确定强行平仓头寸。由于市场原因无法满足上述原则和程序的，交易所有权择机强行平仓。

交易所实施强行平仓，应当通知会员，会员应当通知客户。由于涨跌停板或者其他市场原因无法在当日完成全部强行平仓的，剩余持仓可以顺延至下一交易日继续执行强行平仓，直至平仓完毕，因此发生的亏损仍由会员或者客户承担；未能完成平仓的，该持仓持有者须继续对此承担持仓责任或者交割义务。第（4）项情形实施的强行平仓，亏损由持仓人承担，盈利记入交易所营业外收入；除此情形以外，强行平仓产生的盈利或者亏损均归持仓人。

九、什么是强制减仓？

强制减仓制度是当期货价格连续三个交易日出现同方向涨跌停板时采取的一种风险控制制度。国内三家交易所对于强制减仓执行与否、执行方式的规定各有不同，下文以小麦期货为例进行介绍。

根据郑州商品交易所的规定，当某小麦期货合约连续三个交易日出现同方向单边市（即连续三个交易日涨停或连续三个交易日跌停）时，第四个交易日（以下简称 D4 交易日）该期货合约暂停交易一天并强制减仓。具体操作方法是，在 D4 交易日结算时，交易所将第三个交易日（以下简称 D3 交易日）闭市时以涨跌停板价申报的未成交平仓报单，且该客户（包括非期货公司会员，下同）该期货合约单位持仓亏损大于等于 D3 交易日结算价一定比例（该期货合约规定的最低交易保证金标准）的所有持仓，以 D3 交易日涨跌停板价，与该期货合约盈利持仓按规定方式和方法自动撮合成交。强制减仓前，同一客户在该期货合约的双向持仓首先自动对冲。强制减仓后，下一交易日该期货合约交易保证金标准和涨跌停板幅度按照调整前水平执行。强制减仓造成的经济损失由会员及其客户承担。

强制减仓的方法和程序为：

（1）申报数量的确定。D3 交易日收市后，以涨（跌）停板价申报但没有成交、且该客户该期货合约单位持仓亏损大于等于 D3 交易日结算价一定比例（该合约最低交易保证金标准）的所有申报平仓数量的总和。客户不愿按上述方法平仓的，可在收市前撤单，不作为申报的平仓报单。

（2）持仓盈利客户平仓范围的确定。客户该期货合约单位持仓盈亏 = 客户该期货合约持仓盈亏的总和（元）÷客户该期货合约的持仓量（手）。根据上述方法计算的客户单位持仓盈利的所有持仓（包括套期保值持仓与跨期套利持仓）为持仓盈利客户平仓范围。

（3）平仓数量的分配原则。①按照平仓范围内单位持仓盈利大于等于期货合约规定价幅的倍数，平仓数量分为 2 倍、1 倍、1 倍以下三级，逐级进行分配。②各级分配比例 = 申报平仓数量（剩余申报平仓数量）÷可平仓的盈利持仓数量。

(4) 平仓数量的分配方法及步骤。若盈利2倍的持仓数量大于等于申报平仓数量，则按申报平仓数量/盈利2倍持仓数量，将申报平仓数量向盈利2倍的客户等比例分配。若盈利2倍的持仓数量小于申报平仓数量，则按盈利2倍持仓数量/申报平仓数量，将盈利2倍持仓数量向申报平仓客户分配；剩余申报平仓数量按上述分配方法向盈利1倍及1倍以下的持仓分配；分配之后仍有剩余的，不再分配。

采取上述措施后该期货合约风险仍未释放的，交易所宣布进入异常情况，并按有关规定采取风险控制措施。若该期货合约是在交割月的最后交易日出现第三个连续同方向单边市，则当日闭市后，交易所根据市场情况决定对该期货合约先执行强制减仓之后配对交割或者直接配对交割。

十、什么是持仓限额制度？小麦的持仓限额是多少？

持仓限额制度又称限仓制度，是指交易所规定会员和客户可以持有的，但单边计算的某一期货合约投机头寸的最大数额。注意，套期保值头寸不受此规定限制。实行持仓限额制度的目的在于防范操纵市场价格的行为，及防止期货市场风险过度集中于少数投资者。

根据郑州商品交易所的规定，小麦期货合约的限仓数量按照“一般月份”、“交割月前一个月份”、“交割月份”三个时期分别适用不同的限仓标准。

一般月份小麦期货合约分别对期货公司会员、非期货公司会员和客户实行持仓限制（含跨期套利持仓）。表2－2为一般月份小麦期货合约限仓标准。

表2－2　一般月份小麦期货合约限仓标准　单位：手

品种	期货合约月份单边持仓量（N）	一般月份最大单边持仓占市场单边持仓比例或绝对限仓量		
		期货公司会员	非期货公司会员	客户
强麦	N≥20万	15%	10%	5%
	N＜20万	30000	20000	10000
硬麦	N≥30万	15%	10%	5%
	N＜30万	45000	30000	15000

交割月前一个月小麦期货合约分别对期货公司会员、非期货公司会员和客户按照上旬、中旬和下旬实行最大单边持仓的绝对量限仓（含跨期套利持仓）。交割月前一个月小麦期货合约限仓标准见表2-3。

表2-3　交割月前一个月小麦期货合约限仓标准　单位：手

品种	期货公司会员			非期货公司会员			客户		
	上旬	中旬	下旬	上旬	中旬	下旬	上旬	中旬	下旬
强麦	18000	10000	6000	4800	3600	2400	2400	1800	1000
硬麦	27000	18000	9000	15000	7500	3800	6000	4500	2000

交割月份小麦期货合约分别对期货公司会员、非期货公司会员和客户实行最大单边持仓的绝对量限制（不含跨期套利持仓）。交割月小麦期货合约限仓标准见表2-4。

表2-4　交割月小麦期货合约限仓标准　单位：手

品　种	期货公司会员	非期货公司会员	客户
强麦	3000	1000	300
硬麦	3000	1000	500

自进入交割月起，期货公司会员、非期货公司会员和客户所拥有的投机持仓与跨期套利持仓之和，不得超过各品种在交割月前一个月下旬的最大限仓量。其中投机持仓不得超过交割月最大限仓量。交割月前一个月的最后一个交易日收盘前，会员及客户应当将其期货合约持仓调整为最小交割单位的整倍数；自进入交割月起，会员及客户的持仓应当是最小交割单位的整倍数。注意，自然人客户持仓不得进入交割月。

另外，交易所会根据期货公司会员的净资产和经营情况调整其持仓限额，而期货公司持仓限额会对客户持仓产生影响。一旦出现期货公司超仓而客户未超仓时，持仓量大的客户也会面临被强行平仓的风险。

十一、遇到交割违约怎么办?

根据交易所的规定，具有下列行为之一的，构成交割违约：（1）规定期限内，卖方未能如数交付标准仓单。(2) 规定期限内，买方未能如数解付货款。(3) 交易所认定的其他违约行为。

出现交割违约时，交易所会首先计算买、卖方交割违约合约的数量。其中，卖方交割违约合约数量（手）=［应交标准仓单数量（张）-已交标准仓单数量（张）］×交割单位÷交易单位；买方交割违约合约数量（手）=（应交货款-已交货款）÷（1-30%）÷（交割结算价+包装物单价）÷交易单位。计算买方交割违约合约数量时，交易所将对违约部分预扣合约价值30%的违约金和赔偿金。

交易所将于违约发生当日上午9：30以前通知违约方和对应的守约方。守约方收到通知后，应当在当日上午10：30以前将终止交割或继续交割的选择意向书面递交交易所；逾期未递交选择意向的，交易所按终止交割处理。构成交割违约的，由违约方支付违约部分合约价值（按交割结算价计算）10%的违约金。违约金支付后，根据违约主体的不同另行处理。

卖方违约的，买方可作如下一项选择：(1) 终止交割：交易所退还买方货款。(2) 继续交割：交易所在认定卖方违约的下一交易日发布标准仓单征购公告，并在7个交易日内组织征购。征购价格不高于交割结算价的120%。征购成功的，交易所支付给买方标准仓单；征购失败的，卖方支付给买方违约部分（征购失败部分）合约价值10%的赔偿金，交易所退还买方交割货款后终止交割。卖方承担因征购产生的一切经济损失和费用。

买方违约的，卖方可作如下的一项选择：(1) 终止交割：交易所退还卖方标准仓单。(2) 继续交割：交易所在认定买方违约的下一交易日发布标准仓单竞卖公告，并在7个交易日内组织竞卖。竞卖价格不低于交割结算价的80%。竞卖成功，交易所支付给卖方交割货款；竞卖失败，买方支付给卖方违约部分（竞卖失败部分）合约价值10%的赔偿金，交易所退还卖方标准仓单后终止交割。买方承担因竞卖产生的一切经济损失和费用。

买卖双方同时违约的，交易所按终止交割处理，并对双方分别处以违约部分合约价值5%的罚款。会员发生部分交割违约时，违约会员所接标准仓单或者所得货款可用于违约处理。

需要注意的是，客户遇到交割违约的，上述过程需要其所在期货公司会员代理办理。期货公司没有代客户履行申请交割义务的，应当承担违约责任；造成客户损失的，应当承担赔偿责任。另外，交割仓库未履行货物验收职责或因保管不善给仓单持有人造成损失的，应当承担赔偿责任。

自 测 题

一、填空题

1. 期货交易所特有的________、________、________等特点使其具有了高风险高收益的特点，与其他市场的风险相比，期货市场的风险是复杂的和多样的。

2. 按照风险的成因划分，期货市场的风险包括市场风险、信用风险、________、现金流风险、________和法律风险。

二、单项选择题

1. 期货交易的市场风险是指(　　)。

A. 因价格波动导致损失的风险

B. 因交易对手不履行履约责任导致的风险

C. 因流动性不足导致的风险

D. 因信息系统或内部控制方面的缺陷导致的风险

2. 期货交易的代理风险是指(　　)。

A. 准备或进行期货交割时产生的风险

B. 投资者在交易过程中产生的风险

C. 投资者选择期货公司的过程中产生的风险

D. 信息系统或内部控制方面的缺陷导致的风险

3. 对农产品期货而言，价格表现出(　　)的特征。

A. 无规律波动　　B. 季节性波动

C. 大起大落　　D. 跟涨跟跌

4. 我国冬小麦的收获时间(　　)。

A. 1~2月　　B. 3~4月

C. 5~6月　　D. 9~10月

5. 近几年，国家在每年的(　　)对小麦启动最低收购价政策。

A. 1~5月　　B. 3~7月

C. 5~9月　　D. 7~11月

6. 规避现金流风险重点是做好(　　)。

A. 行情预测　　B. 止损止赢

C. 投资策略　　D. 资金管理

7. 期货合约涨跌停板价格的确定以上一交易日(　　)为基础。

A. 开盘价　　B. 收盘价

C. 平均价　　D. 结算价

8. 所谓风险率，是指客户(　　)与该客户权益的比值。

A. 交易保证金　　B. 结算准备金；

C. 持仓合约的价值　　D. 未被合约占用的保证金

9. 强行平仓前先由会员自行平仓，除交易所特别规定的时限外，一律为开市后(　　)分钟内。

A. 10　　B. 20

C. 30　　D. 40

10. 强制减仓制度是当期货价格连续(　　)个交易日出现同方向涨跌停板时采取的一种风险控制制度。

A. 1　　B. 2

C. 3　　D. 4

11. 当一般月份的强麦期货合约单边持仓量小于20万手时，客户的限仓量是(　　)。

A. 单边总持仓的5%　　B. 1万手

C. 2万手　　D. 3万手

12. 对交割月份的硬麦期货合约，客户的限仓量是(　　)。

A. 300手　　B. 500手

C. 1000手　　D. 3000手

三、多项选择题

1. 按交易环节划分，期货市场的风险包括(　　)。

A. 代理风险　　B. 交易风险

C. 交割风险　　D. 客户风险

2. 下列说法正确的是(　　)。

A. 小麦价格一般在3月出现年内第一个高点

B. 小麦价格一般在6月出现年内第一个低点

C. 小麦价格一般在9~11月形成一年中的第二个高价区域

D. 小麦价格一般在11月以后出现回落

3. 导致现金流风险的直接原因有(　　)。

A. 价格波动导致投资者亏损

B. 交易对手不履行履约责任

C. 交易所保证金比例调整

D. 期货合约流动性不足

4. 客户接到追加保证金通知后，可以选择(　　)。

A. 追加保证金　　B. 平仓

C. 开新仓　　D. 无视通知

5. 当出现(　　)情况时，交易所要实行强行平仓。

A. 违规受到交易所强行平仓处罚

B. 交易所紧急措施中规定必须平仓

C. 进入交割月份的自然人持仓

D. 持仓量超出持仓限额

6. 强制减仓时，平仓数量按照平仓范围内单位持仓盈利大于等于期货合约规定价幅的倍数，分为(　　)三级，逐级进行分配。

A. 1倍以下　　B. 1倍

C. 2倍　　D. 3倍

7. 对交割月前一个月的强麦期货合约，客户在上旬、中旬和下旬的限仓量是分别是(　　)。

A. 2400手　　B. 1800手

C. 1000手　　D. 5000手

8. 遇到交割违约时，守约方可选择(　　)。

A. 违约　　B. 放弃交割

C. 终止交割　　D. 继续交割

四、判断题

1. 按照风险的成因划分，期货市场的风险包括市场风险、信用风险、流动性风险、现金流风险、操作风险和法律风险。（ ）

2. 与没有从事期货经纪业务主体资格的经营机构签订的期货经纪合同属无效合同。（ ）

3. 单边市是指某期货合约在某一交易日收盘前10分钟内出现只有停板价位的买入（卖出）申报、没有停板价位的卖出（买入）申报，或者一有卖出（买入）申报就成交，但未打开停板价位的情况。（ ）

4. 只要资金充足，就不会被强行平仓。（ ）

5. 强行平仓的盈亏都由客户承担。（ ）

6. 当期货价格连续三个交易日出现同方向涨跌停板时，交易所对所有客户进行强制减仓。（ ）

7. 自进入交割月起，客户小麦期货投机持仓与跨期套利持仓之和，不得超过交割月前一个月下旬的最大限仓量。（ ）

8. 买方交割违约合约数量（手）=（应交货款－已交货款）÷（1－30%）÷交割结算价÷交易单位。（ ）

五、计算题

1. 某客户保证金账户余额为10万元，开仓买入硬麦期货合约60手，成交价1800元/吨，当日结算价1750元/吨，期货公司保证金比例为8%，该客户的风险率是(　　)。

A. 110%　　B. 115%

C. 120%　　D. 125%

2. 上题中期货公司要求客户风险率必须低于110%，则该客户至少应追加(　　)保证金。

A. 6263.1元　　B. 6363.7元

C. 6463.1元　　D. 6563.7元

参考答案

一、填空题

1. 保证金交易 双向交易 对冲平仓　　2. 流动性风险 操作风险

二、单项选择题

1. A　2. C　3. B　4. C　5. C　6. D
7. D　8. A　9. C　10. C　11. B　12. B

三、多项选择题

1. ABC　2. ABCD　3. AC　4. AB　5. ABCD
6. ABC　7. ABC　8. CD

四、判断题

1. 对　2. 对　3. 错　4. 错　5. 错　6. 错
7. 对　8. 错

五、计算题

1. C　2. B

第三章 小麦的产业发展状况

【本章要点】

兵法云：知己知彼，百战不殆。保证投资能够获得成功的前提条件之一是必须对所投资的对象了如指掌。本章按照产业链条的基本构成和发展趋势对小麦种植、品种特性、贸易格局、消费结构等诸多环节进行简要介绍，帮助投资者初步掌握小麦期货投资所应当具备的现货市场知识。

小麦种植的基本情况如何？

小麦籽粒含有丰富的淀粉、较多的蛋白质、少量的脂肪，还有多种矿质元素和维生素 B，是一种营养丰富、经济价值较高的商品粮。小麦含有面筋，适于烤面包，蒸馒头，做面条，制饼干、糕点、烧饼。小麦籽粒还可以作为制葡萄糖、白酒、酒精、啤酒、酱、酱油、醋的原料，麦粉经细菌发酵后，可提制味精。

小麦是世界上最早栽培的植物之一，适应性强，分布广，用途多，是世界上最重要的粮食作物，其总面积、总产量、总贸易额及营养价值均居粮食作物的第一位。世界上有43个国家，约40%的人口以小麦为主要食粮。

国际上，小麦主要用作人类食物，尤其以面包、通心粉和比萨饼的形式供人们食用。在发达国家，用作饲料的小麦比例约为30%。小麦提供的热量大约占人类消耗总热量的19%。

世界上种植的小麦品种繁多，按播种季节可分为冬小麦和春小麦。冬小麦秋播夏收，越冬生长，生育期较长，分布广泛，地区间差异较大。全世界冬小麦种植面积约占小麦总面积34亿亩的75%。春小麦春季播种，生育期短，多分布在纬度较高地区。一般而言，春小麦蛋白质含量高于冬小麦，但容重和出粉率低。

小麦按皮色可分为白皮和红皮两种。白皮小麦呈黄色或乳白色，皮薄，胚乳含量多，出粉率较高；红小麦呈深红色或红褐色，皮较厚，胚乳含量少，出粉率较低。

小麦按籽粒胚乳结构呈角质或粉质的多少可分为硬质和软质两种。角质，又叫玻璃质，角质胚乳结构紧密，呈半透明状；粉质胚乳结构疏松，呈石膏状。

二、我国的小麦主要分布在哪些区域？

我国冬小麦面积约占小麦总播种面积的90%以上，主要分布在长城以南，岷山、唐古拉山以东的黄河、淮河和长江流域，包括河南、山东、河北、江苏、四川、安徽、陕西、湖北、山西等省。

一般按产区将冬小麦分为北方冬小麦和南方冬小麦两大类。北方冬小麦白麦较多，多系半硬质，皮薄，含杂少，面筋质含量高，品质较好，因而出粉率较高，粉色好，其主要产区是河南、河北、山东、山西、陕西、苏北、皖北等地，占我国小麦总产量的65%以上。南方冬小麦一般为红麦，质软，皮厚，约占全国小麦产量的20%～25%。冬小麦生育期较长，且不同地区生长期差异较大。中国南方冬麦区小麦的生长期为120天，北方冬麦区小麦的生长期为190～210天，西南部高海拔地区可达330天以上。

我国春小麦播种面积约占小麦播种总面积的10%，主要分布在长城以北，岷山、大雪山以西的黑龙江、内蒙古、甘肃、新疆、宁夏、青海等省（自治区）。春小麦含有机杂质较多，一般为红麦，皮较厚，籽粒大，多系硬质，面筋质含量高。春小麦生育期短。通常为80~120天。

我国小麦产区分布及生长期概况见表3-1。

表3-1　　小麦产区及生长期一览表

产区	省份	播种期	生育期	成熟期
东北春麦区	黑龙江、吉林、辽宁部分、内蒙古东北部	4月中旬	90天	7月20日前后
北部春麦区	内蒙古中部，河北、陕西、山西北部	3月中旬~4月中旬	90~120天	7月上旬~8月
西北春麦区	甘肃、宁夏北部，内蒙古西部、青海部分地区	3月上旬	120~130天	7月中旬~8月中旬
北部冬麦区	河北、山西大部、陕西南部、辽宁、宁夏、甘肃部分、北京、天津	9月中旬	260天	6月下旬左右
黄淮冬麦区	山东、河南大部、河北、江苏、安徽部分、陕西部分、山西、甘肃部分	10月上旬（寒露后）~下旬	230天	5月下旬~6月初
长江中下游冬麦区	江苏、安徽、湖南、湖北大部、上海、浙江、江西、河南信阳	10月下旬~11月中旬	200天	5月下旬
西南冬麦区	贵州、重庆、四川、云南大部，陕西、甘肃、湖北、湖南部分地区	10月下旬~11月上旬	180~200天	5月中旬
华南冬麦区	福建、广东、广西和台湾、云南南部	11月中下旬	120天	3月下旬~4月上旬
新疆冬麦区	新疆	南疆冬麦：9月中旬左右；北疆春麦：4月上旬	300天 240天	南疆冬麦：7月底8月初；北疆春麦：8月上旬左右
青藏春冬麦区	西藏、青海、甘肃、四川、云南部分地区	冬麦：9月下旬；春麦：3月下旬~4月上旬	330天 140~170天	8月下旬~9月中旬

三、全国、各省小麦产量及种植面积分别有多少?

每年我国小麦播种面积基本稳定，保持在约2200万~2400万公顷。播种面积较大的省份依次是河南、山东、河北、安徽和江苏，这5个省的播种面积占全国播种总面积的60%以上。我国小麦总产最近5年连续丰收，每年产量都在1亿吨以上。2008/2009年度我国小麦总产量预测约1.125亿吨，产量较大的省份依次是河南、山东、河北、江苏、安徽等，这5个省的小麦产量占全国小麦总产量的73%。中国小麦产量由1978年的5800万吨逐步提高到1亿吨以上，1997年为历史最高产量，达到1.2亿吨。1997年后产量连续5年下降，2003年降到8648万吨；2004~2009年中国小麦总产量连续6年增产，2009年产量为1.13亿吨。1978~2008年间，小麦产量占水稻、小麦、玉米三大谷物总产量的25.18%，小麦是中国第三大粮食作物，2009年小麦产量比重降到三大谷物总产量的23.91%。近几年我国各省小麦播种面积产量情况见表3-2、表3-3。1978~2009年我国小麦产量及种植面积见图3-1。

表3-2　近几年我国各省小麦播种面积　单位：千公顷

省份 \ 年度	2006/2007	2007/2008	2008/2009
全　国	22962	22980	23000
河　北	2420	2402	2482
山　西	734	731	701
内蒙古	409	400	390
黑龙江	249	230	200
江　苏	1735	1750	1820
安　徽	2117	2170	2200
山　东	3354	3300	3350
河　南	5007	5060	5070
陕　西	1205	1280	1250
其　他	5733	5657	5537

数据来源：国家粮食局。

表3-3　近几年我国各省小麦产量情况　单位：千公顷

省份＼年度	2006/2007	2007/2008	2008/2009
全国	108471	109860	112500
河北	11794	11912	12334
山西	2633	2631	2698
内蒙古	1457	1036	1248
黑龙江	930	612	720
江苏	8532	9973	10501
安徽	10088	10655	10890
山东	19717	19437	19933
河南	29454	30517	30547
陕西	4337	3853	4125
其他	19528	19235	19504

数据来源：国家粮食局。

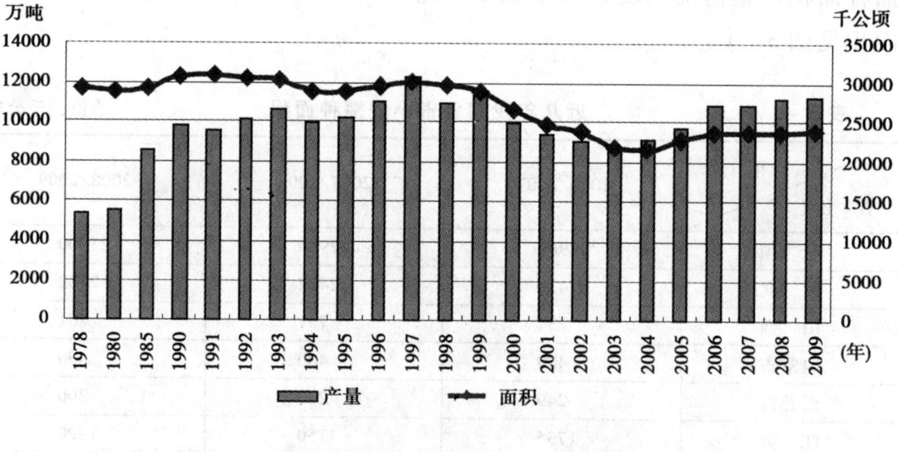

图3-1　1978～2009年中国小麦产量和种植面积

四、如何对小麦进行分类？

第一种分类方法：按播种季节分。按播种季节，小麦可分为冬小麦和春小麦。小麦品质的好坏，取决于蛋白质的含量与质量。一般情况下，春小麦的蛋白质含量高于冬小麦，但春小麦的容重和出粉率低于冬小麦。

第二种分类方法：根据冬小麦、春小麦的皮色和粒质的不同可将小麦分为以下5种：

（1）硬质白小麦：种皮为白色或黄白色的麦粒不低于90%，硬度指数不低于60的小麦。

（2）软质白小麦：种皮为白色或黄白色的麦粒不低于90%，硬度指数不高于45的小麦。

（3）硬质红小麦：种皮为深红色或红褐色的麦粒不低于90%，硬度指数不低于60的小麦。

（4）软质红小麦：种皮为深红色或红褐色的麦粒不低于90%，硬度指数不高于45的小麦。

（5）混合小麦：不符合上述规定的小麦。

第三种分类方法：按照用途分。按照用途，小麦可分为以下几类。

硬冬白小麦：种皮为白色或黄白色的麦粒不低于90%，角质率不低于70%的冬小麦。

优质强筋小麦：面筋数量较高、筋力较强、品质优良具有专门加工用途的小麦。

硬冬白小麦：由于国标没有规定内在品质，所以硬冬白小麦期货交割的货物比较杂，既有内在品质较高的品种，也有内在品质较低的品种，因此用途不一。在没有强筋小麦期货时，硬冬白小麦期货交割标准的用途比较广。但有了强筋小麦期货后，硬冬白小麦中能够达到强筋小麦标准的，就专门用做面包、饺子、拉面等，这样强筋小麦的大部分就从硬麦中分离出来。从期货交割的标准来说，硬冬白小麦一般稳定时间在8分钟以下（不排除有8分钟以上）。因此，达不到强麦标准的硬麦大部分用于制作馒头、面条、饺子等。

优质强筋小麦：优质强筋小麦主要用于加工制作面包、拉面和饺子等要求面粉筋力很强的食品。其中面包全部用优质强筋小麦，对小麦品质要求最高。为了提高面包粉质量，国内一些专用粉厂还经常在国产优质强筋小麦中添加进口高筋小麦。加工饺子粉，也要优质强筋小麦混配，提高面粉质量，增加食品的口感，对于一些质量较差的小麦，则添加优质强筋小麦，改善内部品质，加工馒头和其他面食，如东北地区用优质强筋小麦与春麦搭配，改善春小麦粉的质量。

国家优质强筋小麦标准与普通小麦标准相比，主要增加了以下指标：小麦粗蛋白、湿面筋、面团稳定时间、降落数值和烘焙评分，这些指标主要是衡量小麦面筋值的含量及质量、小麦蛋白质含量、发酵品质（降落数值）和加工面包食品的质量。

第四种分类方法：按面筋强弱指标分。按粉质仪所测定的稳定时间作为面筋强弱的指标，我国小麦分为强筋（稳定时间大于等于7分钟）中筋（3～7分钟）和弱筋（小于等于3分钟）小麦三类。

强筋小麦加工成的小麦粉筋力强，适于制作面包，也适用于做某些面条和用于配麦。中筋小麦面粉筋力适中，适于制作面条、饺子和馒头等，而弱筋小麦加工成的小麦粉筋力弱，适于制作饼干、糕点等食品。面粉加工企业利用配麦和配粉的技术，按照所需要的食用品质指标调配出各种专用粉，像面条专用粉、馒头专用粉、饺子专用粉、油条专用粉，以及中式点心专用粉等。

五、我国优质强筋小麦主要分布在哪些区域？

农业部对我国小麦产区进行了区域规划，各区域强筋小麦占比情况如下：

华北北部强筋麦区，包括北京，天津，山西中部的太原、忻州、阳泉、吕梁和晋中，河北的石家庄、衡水、沧州、保定、唐山、秦皇岛和承德地区。该区年降雨量400～600mm，土壤多为褐土及褐土化潮土，质地砂壤至中壤，土壤有机质含量1%～2%，适宜发展强筋小麦。2008年农业部对该区域22个县（市）的25个品种的55份样品抽样调查，样品中各类型小麦所占比例分别为：强筋小麦8%，中强筋小麦21%，中筋小麦32%，其他39%。

黄淮北部强筋、中筋麦区，包括河北南部，河南北部，山东中部、北部，山西南部，陕西北部和甘肃东部等地区。该区年降雨量400～800mm，土壤以潮土、褐土和黄绵土为主，质地砂壤至粘壤，土壤有机质含量0.5% ~ 1.5%。土层深厚、土壤肥沃的地区适宜发展种植强筋小麦，其他地区如胶东半岛等适宜发展种植中筋小麦。2008年农业部对该区110个县（市）、75个品种的366份样品进行抽样调查，样品中各类型小麦所占比例分别为：强筋小麦10%，中强筋小麦17%，中筋小麦43%，其他30%。

黄淮南部中筋麦区，包括河南中部、山东南部、江苏和安徽北部、陕西关中、甘肃天水等地区。该区年降雨600 ~ 900mm，土壤以潮土为主，部分为砂姜黑土，质地砂壤至重壤，土壤有机质含量1% ~ 1.5%。该区以发展中筋小麦为主；肥力较高的砂姜黑土和潮土地带可发展种植强筋小麦；沿河冲积砂壤土地区可发展种植白粒弱筋小麦。2008年农业部对该区91个县（市）、89个品种的407份样品抽样调查，样品中各类型小麦所占比例分别为强筋6%，中强筋20%，中筋29%，其他45%。

长江中下游中筋、弱筋麦区，包括江苏、安徽两省淮河以南、湖北大部，以及河南省南部地区。该区年降雨800 ~ 1400mm，小麦灌浆期间降雨量偏多，湿害较重，穗发芽时有发生。土壤多为水稻土和黄棕壤，质地以粘壤土为主，土壤有机质含量1%左右。本区大部地区适宜发展中筋小麦，沿江及沿海砂土地区可发展弱筋小麦。2008年农业部对该区33个县（市）、26个品种的85份样品进行抽样调查，样品中各类型小麦所占比例分别为中强筋16%，中筋26%，其他58%。

四川盆地中筋、弱筋麦区和云贵高原麦区。四川盆地中筋、弱筋麦区包括盆西平原和丘陵山地。该区年降雨量约1100mm，湿度较大，光照不足，昼夜温差较小。土壤主要为紫色土和黄壤土，紫色土以砂质粘壤土为主，有机质含量1.1%左右；黄壤土质地粘重，有机质含量小于1%。盆西平原区土壤肥沃，单产水平较高；丘陵山地土层较薄，肥力不足，小麦商品率较低。该区大部分适宜发展种植中筋小麦，部分地区也可发展种植弱筋小麦。云贵高原麦区包括四川省西南部、贵州全省，以及云南省大部地区。该区海拔相对较高，年降雨800 ~ 1000mm。土壤主要是黄壤和红壤，质地多为壤质粘土和粘土，土壤有机质含量1% ~ 3%，总体生态环境适合发展种植中筋小麦。其中贵州省小麦生长期间湿度较大，光照不足，土层薄，肥力差，可适当发展种植一些弱筋小麦；云南省小麦生长后期雨水较少，光照强度较大，应以发展种植中筋小麦为主，也可发展种植弱筋或部分强筋小麦。2008年农业部对该区域19个县（市）、18个品种32份样品的抽样调查显示，该区域样品中各类型小麦所占比例分别为强筋小麦3%，中强筋3%，中筋13%，其他81%。

东北强筋春麦区，北部中筋春麦区，西北强筋、中筋春麦区。东北强筋春麦区主要包括黑龙江北部、东部和内蒙古大兴安岭等地区。该区光照时间长，昼夜温差大，年降雨450~600mm，土壤有机质含量1%~6%。该区土壤肥沃，有利于蛋白质积累，适宜发展种植红粒强筋或中强筋小麦。北部中筋春麦区主要包括内蒙古东部、辽河平原、吉林省西北部和河北、山西、陕西等春麦区，除河套平原和川滩地外，年降雨250~480mm，以栗钙土和褐土为主，土壤有机质含量较低，小麦收获期前后常遇高温或多雨天气，适宜发展种植红粒中筋小麦。西北强筋、中筋春麦区，主要包括甘肃中西部、宁夏全部，以及新疆麦区。河西走廊干旱少雨，年降雨50~250mm。土壤以灰钙土为主，质地以粘壤土和壤土为主，土壤有机质含量0.5%~2%，适宜发展种植白粒强筋小麦。银宁灌区土地肥沃，年降水350~450mm，适宜发展红粒中筋小麦。陇中和宁夏西海固地区，土地贫瘠，以黄绵土为主，土壤有机质含量0.5%~1%，年降水量400mm左右，适于发展种植红粒中筋小麦。新疆麦区光照充足，年降水150mm左右，土壤主要为棕钙土，质地为砂质砂土到砂质壤粘土，土壤有机质含量1%。该区昼夜温差较大，在肥力较高地区适宜发展强筋白粒小麦，其他地区可发展种植中筋白粒小麦。2008年农业部对该地区39个县（市、旗）的32个品种、57份样品进行了抽样调查，样品中各类型小麦所占比例分别为：强筋小麦5%，中强筋11%，中筋25%，其他59%。

以上质量检测中的中强筋及中筋小麦粉湿面筋（14%水分基）分别大于或等于28.0%和25.0%（强麦期货交割标准为大于等于30%），面团稳定时间分别大于或等于6分钟，大于或等于3分钟并小于6分钟（强麦期货交割标准为大于等于8分钟）。

按照农业部抽样调查数据推算，符合交割标准的优质强麦的总量预计在1000万吨左右。受到我国土地制度所决定的种植模式的限制，加上优质小麦品种退化，天气变化，收获时不能单收单打等因素影响，市场流通中能达到优质强筋小麦交割要求的数量可能不及以上预计数量。

六、优质小麦占小麦总产的比重有多大?

我国小麦总产最近几年连续丰收，每年产量都在1亿吨以上。我国小麦播种面积基本稳定，保持在约2200万~2400万公顷。2008、2009年度全国小麦播种面积2300万公顷左右。其中，河南、山东、河北、安徽和江苏是小麦生产大省，这5个省的播种面积占全国播种面积的62.3%，产量占全国小麦产量的75%。我国优质小麦种植面积从1998年的180万公顷增加到2008年的1600万公顷，产量也由620万吨增加到7167万吨。由于受中国土地制度决定的种植模式限制，加上优质小麦品种退化，天气变化，收获时不能单收、单打及单储等因素影响，市场流通中内在品质能达到优质标准的小麦数量远低于这一数量，但基本已能满足国内企业加工生产专用面粉的需求。我国优质小麦生产情况见表3-4。

表3-4 我国优质小麦生产情况

单位：千公顷，公斤/公顷，千吨，%

	2006年	2007年	2008年
		播种面积	
全国	13712	15072	16000
河北	1396	1597	1650
山西	448	489	505
内蒙古	234	232	257
黑龙江	155	162	150
江苏	783	922	1135
安徽	1200	1360	1440
山东	2330	2530	2670
河南	3100	3300	3470
陕西	769	886	925
其他	3298	3594	3798

续表

	2006 年	2007 年	2008 年
		单位产量	
全 国	4352	4367	4479
河 北	4770	4700	4800
山 西	3390	3500	3600
内蒙古	2770	2700	2800
黑龙江	3760	3800	3900
江 苏	4300	4370	4400
安 徽	4010	4200	4300
山 东	5380	5300	5650
河 南	5310	5300	5350
陕 西	3280	3400	3350
其 他	3207	3259	3342
		产 量	
全 国	59681	65824	71670
河 北	6657	7508	7920
山 西	1518	1710	1817
内蒙古	648	627	721
黑龙江	582	614	585
江 苏	3368	4030	4994
安 徽	4812	5712	6192
山 东	12535	13409	15086
河 南	16461	17490	18565
陕 西	2521	3011	3099
其 他	10579	11713	12693

数据来源：国家粮油信息中心。

七、我国优质小麦供需状况如何？

中国优质小麦推广开始于 1999 年，以高筋小麦为主，推广区域主要在河南、河北、山东等省，其中山东省为最先进行市场化推广和运作的地区。

国家最先给予优质小麦种植提供良种补贴，推动中国优质小麦的发展。我国优质小麦供需状况见表3－5、表3－6和表3－7。

弱筋小麦主要分布在长江流域，安徽南部、江苏南部是中国最主要的弱筋小麦产区。

表3－5　　中国优质小麦的综合平衡　　单位：千吨

年度	2003/2004	2004/2005	2005/2006	2006/2007	2007/2008	2008/2009	2009/2010
年初库存	13741	17316	11803	18742	14222	10229	7080
生产量	28503	19116	41889	44096	47442.72	50685	55753.5
进口量	1752	8211	3500	384	15	188	1600
供给量	43996	44643	57192	63222	61679	61102	64433
总需求量	26680	32840	38450	49000	51450	54023	56724
制粉消费	24250	30313	34859	40088	46102	53017	54969
年末库存	17316	11803	18742	14222	10229	7080	7710
库存消费比（%）	64.90	35.94	48.74	29.02	19.88	13.11	13.59

表3－6　　2005～2009年全国及主要地区优质小麦种植面积　　单位：千公顷

地区＼年份	2004	2005	2006	2007	2008	2009
东　北						
内蒙古	132	199	155	162	168	167
黑龙江	285	327	234	232	248	288
华　北						
河　北	900	1331	1396	1597	1680	1797
山　西	240	253	448	489	490	489
山　东	1870	1950	2330	2530	2667	3080
河　南	1892	2692	2693	3300	3472	3687
华　东						
江　苏	780	800	840	1022	1276	1412
安　徽	760	840	1200	1360	1430	1519
西　北						
陕　西	385	550	769	886	900	665
其　他	840	1050	1160	1868	2716	3333
全　国	7952	11691	11712	13284	14879	16269

表 3-7　2005～2009 年全国及主要地区优质小麦产量　单位：千吨

地区＼年份	2004	2005	2006	2007	2008	2009
东　北						
内蒙古	489	714	582	614	638	623
黑龙江	774	968	648	643	694	822
华　北						
河　北	4005	5458	6657	7580	8568	9347
山　西	701	720	1518	1650	1666	1331
山　东	8696	8849	12535	13409	14187	16631
河　南	8610	11510	16461	17490	18749	19609
华　东						
江　苏	3385	3417	3468	4030	5589	6257
安　徽	2503	2689	4812	5612	6149	6400
西　北						
陕　西	1213	1685	2099	3011	3078	2218
其　他	1974	2422	10597	7399	8900	12390
全　国	31860	48708	58795	60824	67580	75004

数据来源：东方艾格。

八、为什么各部门统计的优质小麦产量差异很大？

市场对优质小麦的概念存在一定的混淆，优质强筋小麦和国家统计口径中的优质专用小麦的概念应予以区分。优质强筋小麦更侧重于质量，湿面筋、面团稳定时间等指标达到国家和企业生产专用面粉标准的小麦可以被认定为优质强筋小麦，主要用于生产方便面、拉面和面包等；而国家统计口径中的优质小麦则侧重于产量，高产稳产是最主要的优质小麦指标，现在农业部门大力推广的小麦良种大部分为高产普麦，高产小麦并不代表优质强筋小麦。

九、我国小麦质量状况如何？

2008 年，全国共从 12 个省（区）征集样品 1002 份，其中，冬小麦 966 份，品种 202 个；春小麦 36 份，品种 24 个。样品分布涵盖了我国三大小麦品质区、七个品质亚区，其中华北北部强筋麦区样品 55 份，品种 25 个，来自 22 个县

(市)；黄淮北部强筋、中筋麦区样品366份，品种75个，来自110个县（市）；黄淮南部中筋麦区样品407份，品种89个，来自91个县（市）；长江中下游中筋、弱筋麦区样品85份，品种26个，来自33个县（市）；四川盆地中筋、弱筋麦区样品32份，品种18个，来自19个县（市）；强筋、中筋春麦区样品57份，品种33个，来自39个县（市、旗）。这次检验结果如图3－2所示。

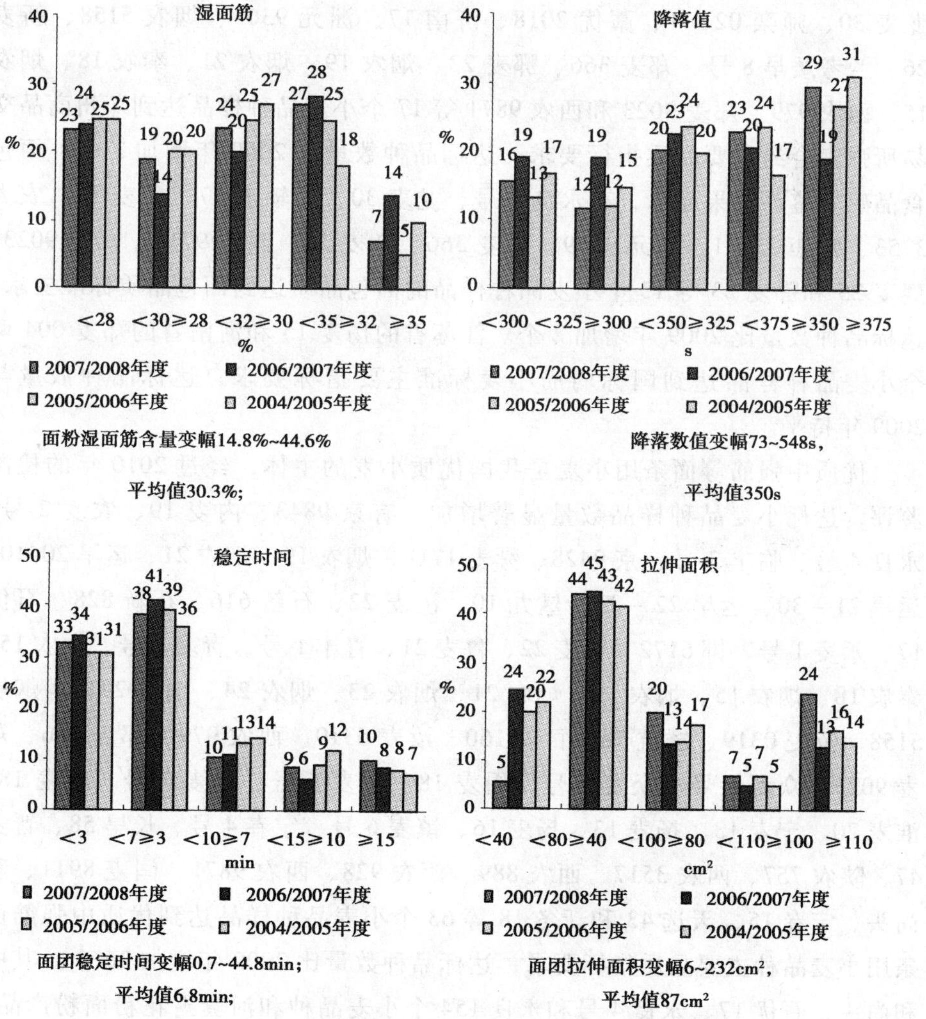

图3－2 湿面筋、降落数值、稳定时间、拉伸面积等检验结果

十、我国主要有哪些优质小麦品种?

据农业部检验，2010年我国优质中强筋等面条用小麦品质显著提升，达标品种数量显著增加。达到国标强筋小麦标准主要品质指标要求的有龙麦30、师栾02-1、洲元9369、新麦26、郑麦366和鄂麦23等小麦品种样品。龙麦30、师栾02-1、藁优2018、济南17、洲元9369、烟农5158、新麦26、兰考矮早8号、郑麦366、鄂麦23、烟农19、烟农21、泰农18、烟农15、西农979、郑麦9023和西农9871等17个小麦品种样品达到郑州商品交易所强麦合约主要品质指标要求，达标品种数量比2009年增加3个。面包食品感官鉴评结果显示，有永良4号、龙麦30、龙辐麦17、龙麦33、农大3753、师栾02-1、洲元9369、郑麦366、新麦26、西农9718、郑麦9023、襄麦25和鄂麦23等13个小麦品种样品的面包品质达到面包品质标准要求，达标品种数量比2009年增加2个。江苏省的扬麦15和河南省的郑麦004两个小麦品种样品达到国标弱筋小麦标准主要指标要求，达标品种数量与2009年持平。

优质中强筋等面条用小麦是我国优质小麦的主体，经过2010年的检测鉴评，达标小麦品种样品数量显著增加。有京9843、内麦19、农麦2号、永良4号、临丰3号、京9428、舜麦1718、烟农19、烟农21、运旱20410、运旱21-30、运旱22-33、垦九10、济麦22、石新616、石新828、石优17、永麦1号、邯6172、济麦22、鲁麦21、青丰1号、青麦6号、山农15、泰农18、烟农15、烟农19、烟农21、烟农23、烟农24、烟农2415、烟农5158、汝麦0319、矮抗58、百农160、汝麦0319、西农979、郑麦366、郑麦9023、众麦1号、众麦2号、周麦18、泛麦5号、连麦2号、新麦18、淮麦20、宁麦13、扬麦13、扬麦16、镇麦6号、宁春4号、长旱58、晋麦47、陕农757、西农3517、西农889、西农928、西农9871、闫麦8911、和尚头、宁春15、天选43和新冬18等63个小麦品种样品达到优质中强筋面条用小麦品种主要品质指标要求，达标品种数量比2009年增加36个。其中和尚头、石优17、永良4号和永良154个小麦品种和河套雪花粉面粉产品，在专家现场面条感官品尝鉴评中面条综合品质表现优异，超过澳标白麦的品质评分。

十一、近年来达到优质强筋麦等级的小麦产量减少的原因有哪些?

近年来河北、山东等高品质小麦产区的优质小麦播种面积逐年减少，原因主要有：第一，部分强筋小麦品种难以做到高产稳产，因此不能享受国家的良种补贴，同时优质小麦管理难度大，农户种植缺乏科学、积极的引导。第二，目前我国强筋小麦育种水平还不高，优质强筋小麦大田种植容易受到不利天气的影响，产量低于普通小麦，农民更倾向种植高产稳产的普通小麦。2010 年，河北有部分优质小麦品种因“不抗冻”遭遇农民弃种。第三，我国大多数强筋小麦品种尚未形成区域化、规模化种植，不同品种之间相互影响，优质强筋小麦品种退化比较严重，产量波动较大。第四，在较长时间内农户在售粮时无法实现“优质优价”，种植优质小麦得不到应有的收益，这也影响到强筋小麦的种植。

十二、硬质白麦是哪一种麦子，占小麦总产的比例如何?

小麦国家标准（GB1351 - 2008）经国家标准化管理委员会批准代替原国标 GB1351 - 1997，于 2008 年 1 月 1 日正式发布，并于 2008 年 5 月 1 日起实施。该标准适用于收购、运输、加工和销售的商品小麦。

根据 2006 年、2007 年全国小麦质量会检结果（3500 份样品），本着新老标准尽可能衔接，同时与国际标准基本保持一致的原则，并根据各小麦主产省和农业部门的意见，新标准确定硬度指数（HI）大于等于 60 的为硬麦，硬度指数为 45 ~ 60 的为混合麦，小于等于 45 的为软麦。

我国小麦主产省软硬小麦分布情况及我国小麦主产省硬麦分布情况见表 3 - 8 和表 3 - 9。

表 3－8　　我国小麦主产省软硬小麦分布情况

按硬度指数和角质率方法分析的软硬麦分布比例　　单位：%

区域		全国	河南	河北	山东	江苏	安徽	陕西	四川	湖北
硬麦比例	按 HI 不小于 60 判定	66.8	51.8	97.6	70.5	74.7	45.9	95.9	40.2	68.0
	按现行角质率判定	70.7	54.3	96.4	88.8	71.1	47.7	97.0	53.0	55.1
软麦比例	按 HI 不大于 45 判定	3.1	6.7	0.3	1.8	0.6	4.4	0.0	0.0	2.0
	按现行角质率判定	5	7	0	2	5	13	0	9	10

数据来源：国家粮食局标准质量中心。

表 3－9　　我国小麦主产省硬麦分布情况　　单位：%

区域	全国	河南	河北	山东	江苏	安徽	湖北
硬度指数不小于 60	66.80	51.80	97.60	70.50	74.70	45.90	68.00
2008 年硬白麦比例	66.70	63.10	96.50	71	43.70	53.90	58.80

数据来源：国家粮食局。

从上表可以看出，硬白麦占小麦总产的比例过半，总量还是比较大的。

十三、期货交割用优质强筋小麦和硬白小麦在质量标准上有什么区别？

优质强筋小麦的交割标准实行郑州商品交易所所标。硬麦的交割标准在国家标准（GB1351－2008）各项要求的基础上，对交割硬麦入库时的降落数值作了要求（降落数值应在 260～420S 之间）。

如果将小麦的质量检验分为水分、杂质等籽粒检验和湿面筋、拉伸面积、稳定时间等小麦粉检验，强麦的质量标准比硬麦多了湿面筋、稳定时间等小麦粉检验指标。

图 3－3 中的三个圈，最小的一个代表优质强筋小麦，中间的一个是一般意义上的优质小麦，最外边的圈是全部小麦。只要是优良品种产出的小麦一般都划归优质小麦。但是，种优未必产出优，这里是指现货市场的分类，并非指内在品质达到国家标准的小麦。符合优质强筋小麦合约标准的必须是

由优良品种产出的小麦，但优质小麦生产中品质退化，流通中不能单收、单打、单储等都会造成品质下降，从而达不到规定标准。优质强筋小麦与硬白小麦的关系见图 3-3。

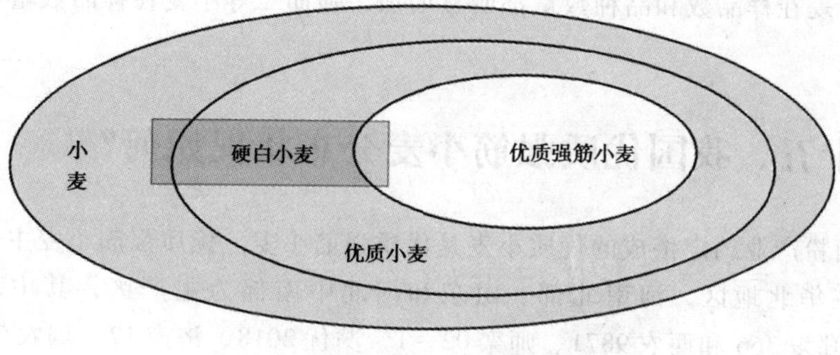

图 3-3 优质强筋小麦与硬白小麦的关系

十四、常见的可用于优质强筋小麦交割的小麦品种有哪些？

由于我国种植条件的限制，并不是所有优质品种都能达标。一般来说，种植达到一定规模的一些品种易于达标，比如豫麦 34、郑州 9023、藁城 8901、955159（济麦 20）等。2007/2008 年度，由于小麦品种退化等原因，优质强筋小麦品种发生了新的变化，有些品种已逐渐退出或减少种植，如藁城 8901、豫麦 34 等，一些新的小麦品种逐步占据上风，如郑麦 366、西农 979、藁优 9415、济麦 20 等。

从 2008 年全国抽样检测的结果看，按照容重大于等于 770g/L、降落数值大于等于 300s，粗蛋白质一等大于等于 15.0%、二等大于等于 14.0%，湿面筋一等大于等于 35.0%、二等大于等于 32.0%，面团稳定时间一等大于等于 10min、二等大于等于 7min，以及烘焙品质评价值大于等于 80 分为依据，对来自 12 省（区）的 1002 份小麦样品进行筛选，在所有小麦样品中，符合强筋一等小麦样品有 30 份，品种有 8 个，分别是：藁优 9618、济麦 20、济麦 4 号、济南 17、金麦 1 号、师栾 02-1、新麦 18 和郑麦 366，样品全部分布在河北省、山东省和河南省内，其中济麦 20 连续 4 年被评定为优质强筋小麦。达到强筋二等的小麦样品有20份，品种7个，分别为：济麦20、济南17、西农979、新麦18、郑麦366、郑麦9023和淄麦12。这些品种也主要分布在河北、河南和山东3个省。与2007年相比，2008年强筋一等小麦在样品数和品种数量都明显增加，强筋二等小麦在样品数量上有所减少。

十五、我国优质强筋小麦分布状况如何？

面粉产业约定俗成的优质小麦是优质强筋小麦。优质强筋小麦主要集中种植在华北地区，河南北部、山东和河北中南部为主产区，其中，西农979、郑麦366和西农9871、师栾02－1、藁优2018、济南17、烟农5158等优质强筋小麦市场口碑好、种植面积大。符合一级强筋小麦标准并可以参与郑州商品交易所的交割品种较为集中，根据郑州商品交易所交割日报，2011年参与交割的品种主要有西农979、郑麦366、济麦20、济南17、济宁16、烟农19、师栾02－1藁优9415和西农889等。根据估算，目前我国方便面、面包，以及高档餐饮行业对于优质强筋小麦刚性需求每年大致有550万～600万吨左右，其中有200万吨依靠进口，目前我国强筋小麦年产量大致700万～800万吨，可是达到优质标准的强筋小麦产量（符合交割标准）有350万～400万吨左右，如果进口数量不下降，国内生产基本可以满足国内需求。因为强筋小麦品种鱼龙混杂，仅能通过几个品种的情况来反应总体优质强筋小麦种植情况。据调查，在2010年秋季种植的几个主要优质强筋小麦品种的产量，呈现出面积增加、单产提高和总产增加的态势，具体到省份为河北减产、河南增产、山东持平略增。河北省符合专用面粉生产加工标准的优质强筋小麦播种面积约在300万亩左右，品种主要是师栾02－1和藁优2018，集中种植在衡水、石家庄、邢台和保定等地。2011年高产的济麦22（属于中强筋小麦，仅有少量符合优质强筋标准）在河北大面积推广，高品质的8901、师栾02－1等小麦品种播种面积大幅下降，尽管藁优2018种植面积增加，市场估计2010年秋季播种的优质强筋小麦面积比2009年下降20%～25%。2011年测产结果较好，局部地区单产预期甚至可以达到550千克/亩，单产超过2010年同期，但是难以挽回面积损失。山东省优质强筋小麦播种面积估测在500万亩左右，品种主要有济南17、济麦20等，集中种植在菏泽、济宁、潍坊和济南等地，单产预期较高，单产预计可以达到450千克/亩。河南北部地区优质强筋小麦品种主要是郑麦366和西农979，主要集中在安阳、濮阳、新乡等地，近年种植逐渐扩展到豫南。需要指出的是，新乡地区的新品种新麦26实验成熟，预计2011年秋天将大面积推广种植。2011年单产较高，预计可以达到500千克以上。国内对于优质强筋小麦的统计口径不一使判断产量的难度提高。根据河南省育种和推广部门的估计，目前郑麦366和西农979在全国的种植面积均超过1000万亩，实际上存在较大的水分。另外，2010~2011年优质强筋小麦价格大幅上涨，农户得到较大收益，优质强筋小麦在与普通小麦的收益比较中体现出优质优价。此外，育种企业在培育优质强筋小麦品种方面也不断取得突破，高产稳产和优质强筋的特性逐渐融合，培育出的品种在稳定产量的同时，兼具优质强筋的特点。比如新品种藁优2018和新麦26，通过田间试验，产量情况和品质情况都达到预期。在需求旺盛、价格高企的作用下，农户和有关部门均有增加种植优质强筋小麦的计划。预计2011年秋季我国优质强筋小麦的播种面积将大幅增加。2009年、2010年主要强筋小麦播种推广面积如表3-10所示。

表3-10　　主要强筋小麦播种推广面积　　单位：万亩

	2009年种植推广面积	2010年种植推广面积（估计）
西农979	990	1100
郑麦366	560	620
济南17	210	240
济麦20	210	220
济宁16	140	150
师栾02-1	130	80
西农889	60	60
藁优2018	20	50
西农9871	40	40
藁优9415	70	40
合计	2430	2600

数据来源：国家粮油信息中心。2009年数据来自全国农技推广中心，未加改动直接引用，2010年为市场估算数据，主要根据良种补贴推广面积推算。

为何我国优质小麦的品质整体弱于美国和加拿大小麦

优质小麦的种植不同于普通小麦，它要求连片种植并且单收、单打、单储，这样才能有效保证品质。美国、加拿大等国的小麦之所以品质稳定，一个重要的原因就是，这些国家的小麦都是按不同的生态区来划定种植区域，一个区域内大规模连片种植同一类型的品种。我国由于生产规模小，优质小麦采用一家一户的种植模式，一个乡镇往往种植几个乃至十几个不同的小麦品种，品质类型不同的品种混杂种植，导致品质严重下降。随着人们市场化意识的提高和我国小麦产业化的发展，相信国产优质小麦的品质会逐步得到改善。我国小麦与美国小麦主要品质性状比较见表3－11。

表3－11　　我国小麦与美国小麦主要品质性状比较

品种类别	蛋质含量（%）	出粉率（%）	湿面筋含量（%）	降落数值（秒）	稳定时间（分）	拉伸面积（cm^2）
2006年中国平均	13.83	—	30.0	350	6.6	71.5
2007年中国平均	13.89	—	30.6	335	6.2	68.0
美2号硬红冬5年平均	12.8	69.5	31.2	402	11.4	—
2007年美2号硬红冬麦	11.8	68.3	29.1	417	7.9	—
美1号硬红春5年平均	14.6	69.0	35.7	382	20.6	—
2007年美1号硬红春	14.3	67.7	36.5	432	26.6	—
美2号软红冬5年平均	10.0	68.9	21.7	348	3.0	—
2007年1号美软红冬	10.3	71.0	23.1	343	3.4	—

数据来源：中国农业部种植业管理司、美国小麦协会。

十六、为什么对优质强筋小麦品质的把握要关注品种和区域？

据测试，几乎所有优质小麦在不同的生态区品质截然不同；在同一生态区的不同地区甚至不同田块，同品种优麦的品质也存在差异，有的可达到强麦标准，有的则不能。因此，强筋麦种植中需要统一管理、施肥和灌水，收获之后也需要单收、单打、单储。

经过多年的培育和推广，我国优质强筋小麦品种很多，但存在品质退化现象，而且这些品种的品质是逐年变化的。我国优质强筋小麦品质的地理分布趋势是由北向南逐渐变差。由于受到种植区域气候的影响，同一优质强筋小麦品种的品质在不同地区、不同年份存在明显差异，由此影响达到标准的优质强筋小麦量。

十七、哪些因素将影响小麦的产量和质量？

影响小麦产量和质量的因素有很多，首先就是播种面积。小麦播种面积是产量的基础决定因素，决定了产量可能的范围。国家政策的引导往往对小麦播种面积产生巨大的影响。比如小麦最低收购价收购和拍卖政策对稳定小麦价格和刺激农民种植小麦的积极性起到了巨大的作用。

其次是天气和病虫害的影响。天气对小麦价格的影响非常大。小麦在种植期和生长期需要相适应的生长环境。异常天气将对小麦产量、质量造成不利影响。相对于硬白小麦来说，强麦品质受天气影响更大。优质强筋小麦品质在不同区域和年度间的差异主要是气候条件不同引起的，从而影响达标产量。直接影响优质强麦品质的气候因素主要是温度、光照和湿度。一般来说，在强麦生长后期，在日均温度 30 度以下时，随温度升高，品质改良，但超过 30 度以后反而影响品质。干热风会降低籽粒容重、产量和湿面筋含量。降水过多会影响氮素的供应，而氮素又会影响湿面筋的含量。后期干旱会导致产量下降但品质会改善。小麦成熟后期高温可以使优质强筋小麦延伸性明显降低。病虫害也会影响小麦的正常生长发育，导致小麦减产，甚至颗粒无收。

再次是农业生产的周期性影响。长达 8 个月的生产周期，相对制约了小麦生产规模的伸缩性。据说，长期来看，粮食生产也具有小周期和大周期的变化规律。以往粮食生产小周期一般为 4 ~ 5 年，大体表现为两欠一平二丰收。另外，我国粮食生产还存在大周期，建国以来粮食生产经历了短缺—紧张平衡—平衡有余几个阶段。

最后是生产技术和资金投入的影响。

小麦在全球农业生产中的地位

小麦是世界上最早栽培的植物之一，适应性强，分布广，用途多，是世界上最重要的粮食作物，其总面积、总产量、总贸易额及营养价值均居粮食作物的第一位，世界上有43个国家，约40%的人口以小麦为主要食粮。

国际上，小麦主要用作人类食物，尤其以面包、通心粉和比萨饼的形式食用。小麦提供的热量大约占人类消耗总热量的19%。

小麦在我国农业生产中的地位

我国是农业大国，小麦在农业生产中占据十分重要的地位。小麦是我国主要的粮食作物之一，其种植遍及全国，从产量和消费规模来评价，地位仅次于水稻。中国小麦产量和消费量多年来一直在1亿吨左右，位居世界第一，是小麦的生产大国、消费大国，也是世界小麦贸易大国。

十八、我国小麦消费的现状如何？

我国是农业大国，小麦在农业生产中占据十分重要的地位。中国小麦产量和消费量多年来一直在1亿吨左右，位居世界第一，是小麦的生产大国、消费大国，也是世界小麦贸易大国。

我国小麦主要用于食用，制粉消费中约75%的小麦形成面粉，5%形成次粉，20%形成麸皮。小麦直接饲用及工业消费的比例不大。随着人们生活水平的提高，制粉消费稳中有降，饲用及工业消费不断增加。国家粮油信息中心预计，2008/2009年度，小麦制粉消费7800万吨，饲用及工业消费分别为1100万吨。

据有关数据显示，目前全国各类面粉企业4万多家，年加工能力1.7亿吨以上，其中日加工小麦50吨以上的面粉企业9883家；方便面生产线1800多条，年产量360多万吨；挂面生产企业2500多家，年产能力410多万吨；饼干、糕点的年产量分别达到153万吨和144万吨；饺子、包子、馒头等传统食品加工业稳定发展。

我国小麦消费分布情况见图 3－4，小麦供需平衡情况见表 3－12。

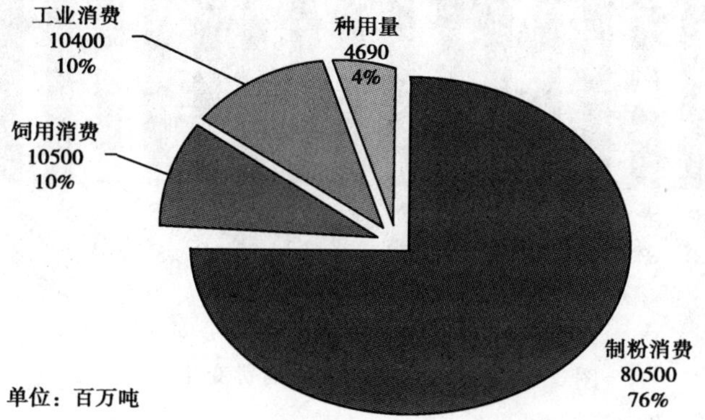

图 3－4 我国小麦消费分布情况

表 3－12 我国小麦供需平衡表

年度		期初库存	产量	进口量	饲料消费	国内消费总量	出口量	期末库存
2009/2010	4 月	48.69	114.5	0.8	6	103	1	59.99
	3 月	48.69	114.5	0.8	6	103	1	59.99
	2 月	48.69	114.5	0.6	5	102	1	60.79
	1 月	48.69	114.5	0.6	5	102	1	60.79
2008/2009		38.96	112.5	0.2	5	102.5	0.75	48.41
2007/2008		38.45	109.3	0.05	8	106	2.84	38.96

数据来源：美国农业部。

近两年，在国家大力推广优质小麦的政策下，优质品种小麦的播种面积大幅增加。随着收入水平的提高，人们对面粉精细化的要求在逐步提高，消费习惯也在发生变化，这些都影响着优质强筋小麦的消费量。总体趋势是优质强筋小麦消费量在逐年缓慢上升（见图 3－5）。

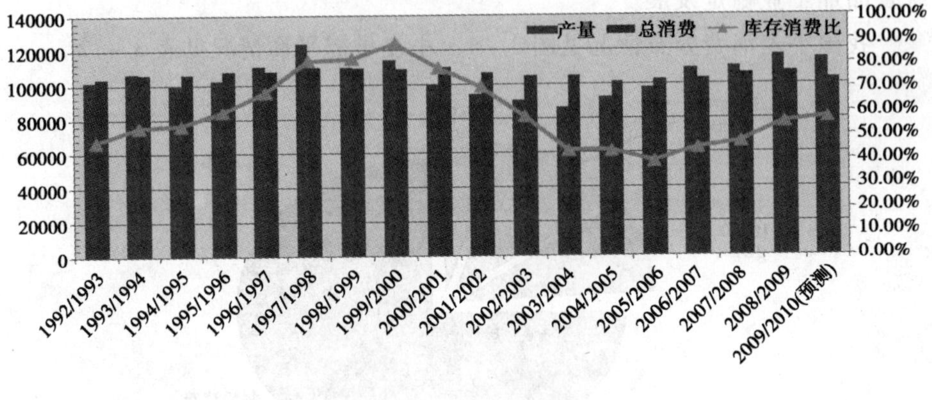

图 3－5　我国小麦产供给消费变化图

十九、我国小麦的主要用途有哪些?

小麦主要有食用、饲料和工业消费等用途。

我国小麦主要用于食用，制粉消费中约 75% 的小麦形成面粉，5% 形成次粉，20% 形成麸皮。小麦籽粒含有丰富的淀粉、较多的蛋白质、少量的脂肪，还有多种矿质元素和维生素 B，是一种营养丰富、经济价值较高的粮食。小麦含有面筋，适于烤面包，蒸馒头，做面条、制饼干、糕点、烧饼。其中，制作面条和馒头为主要的消费形式，粗略估计面条类约占总消费量的 40% 以上，馒头类约占 30%，而烘烤面包和蛋糕饼干等只占一小部分，据估算面包小麦与软质小麦分别约占 7.5% 左右。

小麦直接饲用及工业消费比例不大。随着人们生活水平的提高，制粉消费稳中有降，饲用及工业消费不断增加。国家粮油信息中心预计，2008/2009 年度，小麦制粉消费 8000 万吨，饲用及工业消费分别为 1870 万吨。优质强筋小麦和硬白小麦在用途上也有所不同。

我国小麦市场综合平衡情况见表 3－13。

表 3-13　　我国小麦市场综合平衡表　　单位：千吨

年度	2006/2007	2007/2008	2008/2009
生产量	108471	109860	112500
进口量	399	20	50
年度供给量	108870	109880	112550
制粉消费	78500	78000	78000
其中面粉	58875	58500	58500
其中次粉	3925	3900	3900
其中麸皮	15700	15600	15600
饲用消费	9000	12000	11000
工业消费	9800	10500	11000
种用量	4720	4700	4680
年度国内消费	102020	105200	104680
出口量	2040	2400	500
年度总需求量	104060	107600	105180
年度结余量	4810	2280	7370

数据来源：国家粮油信息中心。

二十、小麦在饲料中替代玉米的优缺点如何？

小麦的饲料用途主要可以分为猪饲料和家禽饲料两大类。小麦对于玉米的替代主要取决于小麦和玉米的营养成分和比价关系。

1. 小麦用作家禽饲料的优缺点。用玉米作家禽配合饲料的能量原料是我国使用的典型配方，玉米用作猪饲料相对较少。一般认为用小麦作动物饲料价格太昂贵，但近些年来，随着玉米价格走高，小麦在家禽饲料中的应用越来越广泛。小麦的代谢能是玉米的 90%。小麦中的营养成分比较容易消化。用肉仔鸡、产蛋鸡和火鸡做的试验表明，小麦可以作为家禽的主要能量饲料。但与典型的能量饲料玉米比较，小麦有其特殊性，在家禽配合饲料中应注意其合理使用。

（1）与玉米相比，小麦用作家禽饲料的优点。小麦蛋白质含量高于玉米，有的品种甚至高过一倍，赖氨酸含量较高，而苏氨酸的含量与玉米相当。小麦的氨基酸利用率与玉米没有显著差别。用小麦替代玉米作能量饲料时，配合饲料中的豆粕用量可降低。小麦总磷的含量高于玉米，而且利用率高，这是由于小麦中含有植酸酶，能分解植酸获得无机磷。小麦面粉遇水易变得粘稠，是很好的自然粘结剂，有利于制粒。小麦淀粉的糊化温度是籽实中最低者，小麦约为53℃~64℃，玉米约为61℃~72℃。

（2）与玉米相比，小麦作家禽饲料的缺点。小麦的能量和亚油酸含量比玉米低，小麦中亚油酸仅0.8%，玉米中亚油酸有2.0%。日粮中用50%的玉米就能满足鸡必需脂肪酸的需要，小麦则不能。小麦中不含叶黄素，而黄玉米中含有丰富的叶黄素，叶黄素能沉积在脂肪、皮肤和蛋黄中。可在日粮中添加混合脂肪以调节能量和亚油酸的含量，叶黄素则通过添加2%~3%的苜蓿或玉米蛋白粉而得到补充。按重量计以小麦取代玉米时，日粮中的能量和亚油酸含量有中等程度的降低，而叶黄素含量则大大降低。添加2%的苜蓿和1%的混合脂肪，则小麦日粮的养分水平被调整到近似玉米的日粮。

饲喂小麦日粮必须注意生物素的添加。小麦中总生物素含量比玉米高，但利用率较低。如果家禽日粮主要成分是小麦（次粉）应添加生物素。如果是玉米—豆粕日粮则不需添加。小麦的抗营养因子主要是非淀粉多糖，非淀粉多糖溶于水后可形成粘性凝胶，引起胃肠道内容物的粘度增加，阻碍单胃动物对营养物质的消化和吸收。小麦代谢能变异大的原因是非淀粉多聚糖变化大（1%~10%），鸡对非淀粉多聚糖消化率很低（12%），非淀粉多聚糖含量与代谢能之间呈负相关关系。

小麦颗粒比玉米颗粒小，便于鸡的采食，符合鸡的采食习惯，若用全粒小麦替代玉米粉作肉仔鸡的能量饲料，还有减少运输，降低加工成本，便于储藏等优点，具有一定的经济和社会意义。北欧有些国家在生长肉鸡饲料中加入高达40%的全粒小麦。据报道，饲喂加入小麦的混合饲料，可导致平均2%~3%的饲料转换损失，并且使肉鸡的生长速度降低。饲喂全粒小麦的肉鸡比直接饲喂配合饲料的肉鸡死亡率略高。

肉鸡饲料中是否添加全粒小麦，在经济上取决于小麦与所用配合饲料的相对价格。一般认为，如果每吨小麦的价格比配合饲料价格低20%时，则应用掺有全粒小麦的饲料饲喂肉鸡在经济上肯定合算。这两种饲料在经济上是否合算的临界价格差别为17.5%。

2. 小麦用作猪饲料的优缺点。小麦作为能量饲料在猪饲料中应用已有很长的历史。在苏联，欧洲和北美等小麦主产区，畜禽饲料中多使用小麦作为主要能量饲料。在我国，小麦能否在猪日粮中应用主要取决于小麦与玉米的营养价值与价格的比值。当小麦的营养价值特性好于玉米时，用小麦部分或全部代替玉米喂猪能取得很好的饲养效果和经济效益。

硬质小麦的蛋白质含量比软质小麦高，但于物质、能量及蛋白质利用率两者相差不大。小麦赖氨酸含量为 0.31% ~0.37%，相当于玉米赖氨酸含量的 124% ~148%。猪饲料中易含量不足的色氨酸与苏氨酸，小麦分别含 0.15% ~0.16% 与 0.33% ~0.38%，分别相当于玉米中色氨酸与苏氨酸含量的 200% 与 103% ~119%。就对三种氨基酸的表现消化率而言，猪对小麦和玉米具有相同的苏氨酸消化率，对小麦的赖氨酸消化率比玉米高（71%:69%），对色氨酸的消化率则要更高一些（78%:67%）。小麦的能量大致与玉米相等。小麦粗脂肪含量和亚油酸的含量仅为玉米含量的 45% 和 37% 左右，这对肥有猪而言是一个优点，但对幼猪而言是值得注意的缺点。

小麦对猪的适口性很好。让猪分别选食小麦和玉米，其对小麦的采食量明显多于玉米。但是，由于小麦淀粉的粘性比玉米高，如将小麦粉碎过细，猪采食时就会产生糊口而使其适口性变得很差。小麦麸具有良好的消化调养性，使小麦易于被猪消化利用。小麦用于肥育猪饲粮可增进胴体的硬度和脂肪白度。

在猪饲料中，小麦可部分或全部替代玉米及高粱而不影响生长性能。欧洲国家一般用小麦代替玉米作能量饲料。当小麦作猪的主饲料时，应采取粗粉碎。小麦粉碎过细时消化率下降，直接影响猪的生长性能。小麦含量过高（30% 以上）时，应添加相应的消化酶，以防止饲喂以小麦为主的饲料时发生排软便现象。小麦的营养价值为玉米的 92% ~100%，同燕麦和高粱相比，小麦的可消化能分别高 10%、15% 和 5%。小麦类型和其蛋白含量高低不影响猪生的长、胴体品质及健康状况。

二十一、我国小麦加工企业的发展状况如何？

据有关统计，2008 年全国入统小麦粉加工企业 2820 个，比 2007 年减少 365 个，其中日加工能力 100 吨以下的企业 1398 个，占小麦粉加工企业总数的49.6%，比2007年减少568个；日加工能力100～200吨的企业659个，占23.4%，比2007年增加53个；200～400吨的企业514个，占18.2%，比2007年增加100个；400～1000吨的企业185个，占6.6%，比2007年增加27个；1000吨以上的企业50个，占1.8%，比2007年增加10个。这表明企业规模进一步扩大，生产集中度进一步提升。

2008年，小麦粉加工业年处理小麦能力为11600.4万吨，比2007年增加1382.4万吨，增长13.5%。小麦粉产量5505.6万吨，比2007年增加539.7万吨，增长10.9%；实际处理小麦7846.4万吨；产能利用率为67.6%；工业总产值1424.5亿元，产品销售收入1371.7亿元，资产总额678.1亿元，分别比2007年增长28.5%、27.9%和34.5%。按企业经济类型分，民营企业产能和产量分别为9692.9万吨和4578.1万吨，所占比例分别为83.6%和83.2%；国有及国有控股企业产能和产量分别为1424.9万吨和611.6万吨，占12.3%和11.1%。可以看出，在面粉加工业中，不论是企业数量、生产能力和产量，还是工业总产值、利润和资产总额，民营企业均占绝对优势。

2008年小麦粉加工业产能排名前3位的是山东（2349万吨）、河南（2313万吨）和河北（1090.4万吨）。小麦粉产量在100万吨以上的有：河南（1246.7万吨）、山东（1129.7万吨）、江苏（679.1万吨）、安徽（505.0万吨）、河北（496.6万吨）、陕西（225.5万吨）、湖北（193.5万吨）、甘肃（143.1万吨）、广东（139.9万吨）、四川（115.4万吨）和新疆（113.6万吨）11个省区，其中，河南、山东和江苏的小麦粉产量居前3位。从产品结构看，以特制一等粉和特制二等粉所占比例较大，产量分别为2415.3万吨和1368.9万吨，分别占总产量的43.9%和24.9%；标准粉产量为705.2万吨，占总产量的12.8%；专用粉产量为702.6万吨，占总产量的12.8%；全麦粉产量为88.7万吨，占总产量的1.6%。年产量10万吨以上的小麦粉企业96个，比2007年增加36个，全年产量达2056万吨，占入统小麦粉企业总产量的37.3%。

小麦粉企业产量位居前3位的企业分别是：河北五得利面粉集团有限公司（172.9万吨）、中粮集团有限公司（111.7万吨）和江苏省银河面粉有限公司（58.3万吨），入统小麦粉企业工业总产值1424.5亿元，产品销售收入1371.7亿元，出口交货值6.7亿元，利润总额23.8亿元，资产总计

678.1亿元，年末从业人数16.0万人，分别比上年增长28.5%、27.9%、-18.3%、16.7%、34.5%和8.8%。

预计未来在激烈的市场竞争中，小麦粉加工企业将不断重组兼并，优化调整企业结构和产品结构，淘汰落后产能，企业必将呈现出数量进一步减少，规模逐步扩大，生产集中度进一步提高，规模化、大型化和集团化将成为米、面加工企业的必然发展趋势。从2008年的统计资料分析，这种发展趋势正在明显加快，出现了一批拥有较大粮食加工能力的企业和企业集团，如中粮集团、中储粮总公司、益海嘉里、河北五得利面粉集团有限公司、江苏银河面粉有限公司、江西省粮油集团有限公司、湖北福娃集团有限公司、湖北国宝桥米集团等著名企业。

面粉加工企业有向小麦产区转移的趋势

目前，面粉加工企业有向小麦产区转移的趋势。越来越多的面粉企业将工厂建在小麦主产区，以享受便利的原料供应。

二十二、我国小麦的消费趋势如何?

2008年中国GDP总量为300670亿人民币，按照2008年美中平均汇率6.948:1计算，折合43270亿美元。按照年末人口数13.4465亿人计算，2008年人均GDP已达到3266.8美元，非常接近世界小麦人均消费量转折点的经济条件。粗略计算，未来几年中国人均小麦消费量将缓慢降低，并将与人口的增长部分抵消，中国小麦消费总量将进入一个平稳期，即人均消费量变化的第二个阶段。目前，业界关于中国小麦年度消费总量尚无权威结论，但大多数人士认为中国小麦消费总量增长空间已不大。近年小麦市场价格及最低收购价小麦竞价交易成交情况可间接印证。根据国家粮油信息中心发布的最新数据，2007/2008~2009/2010年度，中国小麦消费总量并未表现出持续增长的态势。

虽然从长期看，中国小麦国内消费总量增长空间很小，且不排除有降低的可能，但并不意味着中国小麦消费量的变化已不再是关注重点。在长期变化趋势基本明确的情况下，还需分析短期影响小麦消费量的因素，时间范围为1～2年甚至1～2个月。

受国家政策支撑，过去3个年度中国小麦价格逐步提高，但因耕地资源有限，小麦播种面积基本稳定，产量虽逐年提高，但幅度不大。消费量变化是除政策外影响小麦市场的主要因素。比如，2007年11～12月份，国内小麦价格快速上涨，原因在于面粉出口旺盛及国内使用小麦替代玉米的数量较大。受玉米价格快速上涨、甚至超过小麦价格的影响，2008/2009年度中国市场小麦对玉米的替代非常普遍，小麦饲料用消费量比2007/2008年度提高了近450万吨。从2008年下半年起，玉米价格再次跌至小麦价格之下。饲料企业使用小麦的数量大幅减少，小麦饲料用消费量相应降低。这在2009/2010年度将逐渐得到体现。

此外，对中国市场而言，还需关注小麦在城乡范围内消费量的相对变化。在河北、山东、江苏和安徽等主产区，农村居民多从当地小型面粉厂以麦换面粉。在经济较为落后的地区，还存在着简易的磨房。城镇居民所购买的面粉则多来自大中型面粉厂的各级经销渠道。经济不景气对小麦需求的影响还表现为饼干和方便面等以面粉为主要原料的食品销售量增幅放缓。

我国粮食消费的变化趋势

我国粮食消费需求的总量增长平稳，口粮消费稳中有减，饲料粮和工业用粮增长；对稻谷和小麦的需求稳中略降，对玉米、大豆和杂粮的需求呈现规模和比重双增的态势。未来城乡居民人均口粮需求不断减少，饲料粮将会继续成为我国粮食需求增长的主体，工业用粮的需求仍将迅速扩张。预测表明，到2010年和2020年，我国粮食需求总量将分别达到53092万吨和56500万吨。

二十三、全球小麦生产现状如何？

小麦适应多种气候和土壤条件，但最适于在降雨量300至900毫米的温带地区生长。

世界上小麦种植地区跨度大，从北欧（北纬67度）至阿根廷南部（南纬45度）；纵深长，从中国吐鲁番盆地（低于海平面150米）到西藏高原

（海拔4100米），主要分布在海拔3000米以下。主产区在北半球的北纬30～60度之间的温带地区和南半球南纬25～40度之间的地带。在全球谷物生产中，小麦面积约34亿亩，约占世界谷物总量的32%。

从在各大洲的分布看，小麦生产相对集中，主要在亚洲，面积约占世界小麦面积的45%，其次是欧洲，占25%，美洲占15%，非洲、大洋洲和南美洲各占5%左右。

全球小麦产量在6亿吨左右。小麦生产大国主要有欧盟、中国、印度、美国、俄罗斯、加拿大、澳大利亚和巴基斯坦等国家和地区。这8个国家和地区小麦产量约占世界小麦总产量的75%，其中，欧盟和中国总产量超过1亿吨，其次是印度、美国和俄罗斯，总产量在4000万吨以上，再次是加拿大、澳大利亚和巴基斯坦，总产量在2000万吨以上。2008/2009年度，世界小麦产量约6.56亿吨。

世界主要小麦生产国家和地区产量变化情况见图3－6。

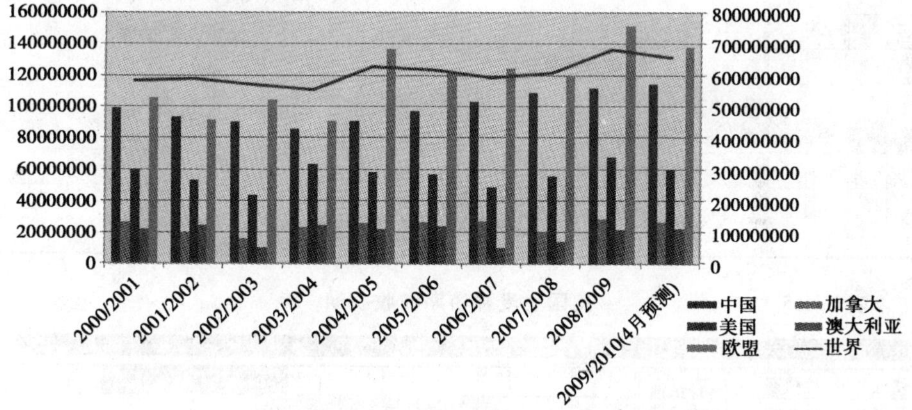

图3－6　世界主要小麦生产国家和地区产量变化情况

二十四、世界小麦收获期主要分布情况如何？

世界种植小麦的国家很多，但主要集中在中国、印度、美国、俄罗斯、法国、加拿大、澳大利亚和阿根廷等国家。上述国家小麦产量占世界总产量的比重超过2/3。在这些国家中，中国是唯一小麦总产量超过1亿吨的国家，位居世界第一，其次是印度、美国和俄罗斯。从分布上看，各洲小麦产量分布情况与面积比重大体一致。北半球收获期集中于 6 ~ 9 月份，南半球收获期集中于 10 ~ 12 月份。

全球小麦的收割进度见表 3 – 14。美国小麦种植期和收获期见表 3 – 15。

表 3 – 14　　　　全球小麦收割进度表

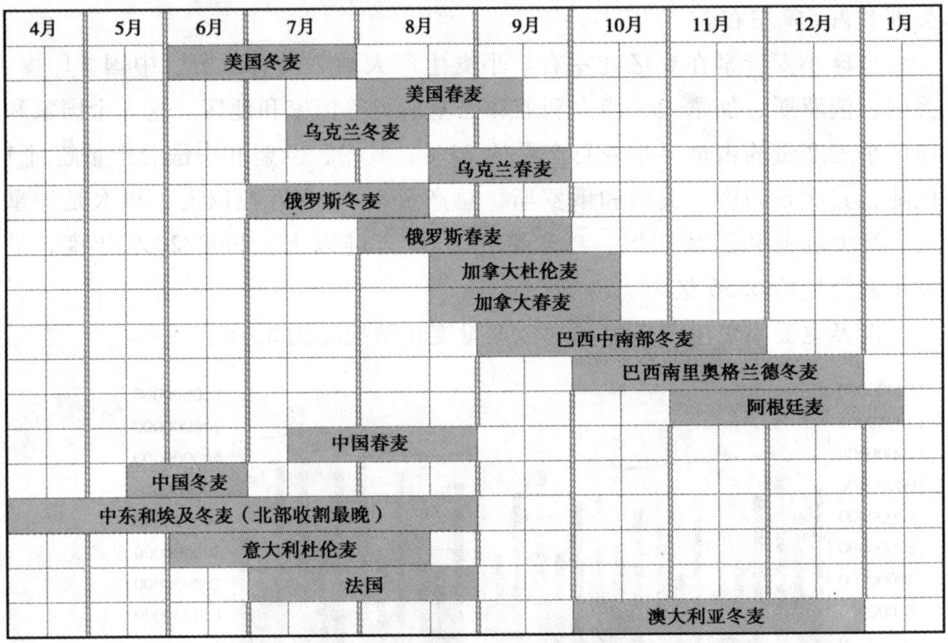

表 3 – 15　　　　美国小麦种植期和收获期

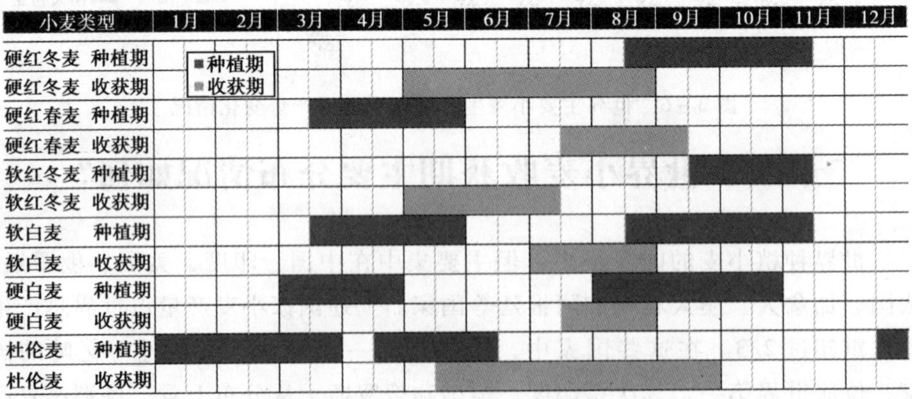

二十五、国际小麦产销形势如何？

随着经济发展和人口增加，小麦的需求呈增长趋势。近几年，世界小麦总需求达到6亿吨以上。欧盟、中国、印度、俄罗斯、美国、巴基斯坦是小麦的主要消费国，年消费小麦2000万吨以上。全球小麦消费量近2年在6.2亿吨左右。

表3－16　全球小麦供需平衡表

年度		期初库存	产量	进口量	饲料消费	国内消费总量	出口量	期末库存
2009/2010	4月	165.23	678.42	124.85	113.6	647.83	125.89	195.82
	3月	165.57	678.01	124.2	112.36	646.8	125.05	196.77
	2月	164.01	677.44	122.57	111.51	645.6	123.8	195.86
	1月	163.94	676.13	121.16	110.61	644.47	123.2	195.6
2008/2009	—	119.97	682.18	130.89	114.07	633.75	132.26	168.4
2007/2008	—	126.98	609.7	113.65	96.2	616.71	117.51	119.97

数据来源：美国农业部。

图3－7是小麦主产国的小麦消费量。从中可以看出加拿大、澳大利亚的小麦消费量很少。实际上，美国的小麦消费量仅占产量的50%、澳大利亚的小麦消费量仅占产量的30%、加拿大小麦消费量仅占小麦产量的20%。

二十六、世界小麦消费量有怎样的变化规律？

1. 世界小麦消费总量的变化。1960/1961年度以来，世界小麦消费总量在大多数年度里呈线性增长趋势，但自20世纪90年代初以来增速略有放缓。尽管趋势非常明显，但世界小麦消费总量并非逐年增长，在某些年份曾有较明显减少，这与小麦价格、小麦与玉米比价及小麦与稻谷比价有一定关系。在过去的49年中，有37个年度世界小麦消费总量保持增长，另有12个年度略有降低。在绝大多数消费总量降低的年度，减幅不超过700万吨，仅1988/1989年度和2003/2004年度减幅较大，分别达1500万吨和2200万

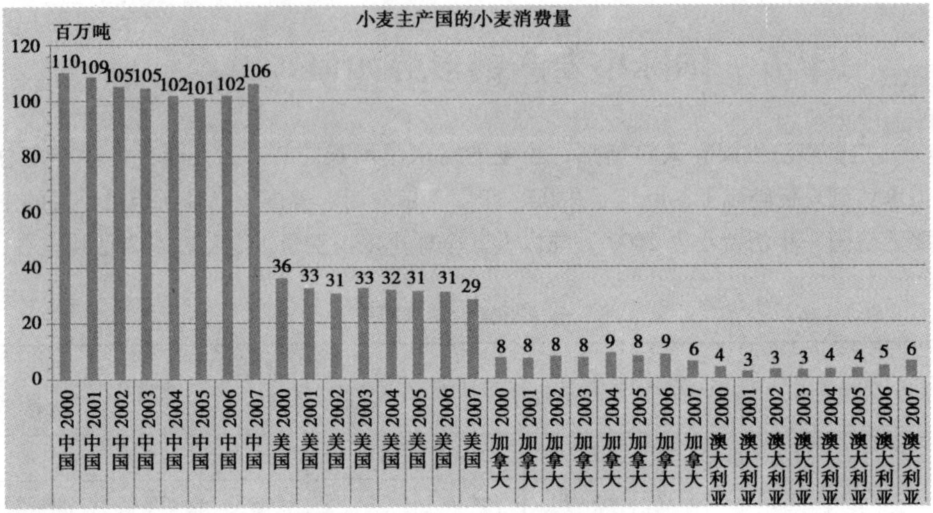

图 3－7　全球小麦主产国小麦消费量

吨。20 世纪 60 年代，世界小麦消费量年均增长 1003. 24 万吨，70 年代年均增长 1145. 59 万吨，80 年代年均增长 1057. 84 万吨，90 年代年均增长 343. 53 万吨。初步预计，21 世纪前 10 年世界小麦消费量年均增长 568. 89 万吨。

2. 世界饲料用小麦消费量的变化。小麦消费总量可简单划分为饲料用、食用、种用和工业用消费量。用于饲料的小麦一般是等级最低的小麦，这类小麦蛋白含量和出粉率均较低，不适合食用。与被称为饲料之王的玉米相比，小麦作为饲料原料没有优势。小麦中的多糖类物质动物不易消化，容易导致畜禽腹泻，一般不能单独使用，且需添加少量酶。20 世纪 60 年代后期，第一次绿色革命带来的小麦单产快速提高，大大提高了世界小麦产量。在满足世界小麦制粉消费的同时。更多小麦可以作为饲料原料。相应地，饲料用消费量在世界小麦消费总量中的比重从 1963/1964 年度最低约 10% 提高到 1970/1971 年度最高点约 24%。此后 20 年，饲料用消费量在世界小麦消费总量中的比重一直保持在 20% 左右。自 20 世纪 90 年代初至今，播种略有降低，基本保持在 17% 左右的水平。

3. 世界小麦食用、种用和工业用消费量的变化。世界小麦食用、种用和工业用消费量变化较饲料消费量的变化平缓。小麦与玉米不同，作为工业原料用途有限，这就限制了小麦工业消费量的增长空间。欧盟是世界小麦主产区，但在世界出口市场上往往面临美国、加拿大和澳大利亚等国的激烈竞争。近年来欧盟加大了使用小麦生产燃料乙醇的数量，消耗掉许多小麦。由于小麦价格相对较高，使用小麦生产燃料乙醇不能实现正常利润，欧盟采取了补贴生产的方式，这就限制了其未来的发展空间。粗略估计，食用消费量在世界小麦食用、种用和工业用消费量中的比重在90%以上，因此后者更多反映的是前者的变化，基本呈逐年增长的态势。

二十七、世界小麦消费量增长的地区如何分布?

近年世界人口年均增长量中约91%来自中低收入国家，其中约56%来自于低收入国家。按世界银行标准，中等收入国家人均GDP在1000~3000美元。按联合国标准，中低收入国家人均GDP为799~2990美元。根据前面的分析，人均GDP在3300美元左右时人均小麦消费量达到最高。这意味着每年新增的约6900万中低收入国家人口，贡献了世界绝大多数的小麦消费增长。当然，这些新增人口中有相当部分无法得到充足的食品供应，其对小麦消费量的拉动幅度小于人口的增幅。

目前，世界上只有少数国家（如巴基斯坦，过去5年年均小麦消费总量增长约75万吨）在人口增长的同时小麦消费量接近线性同步上涨。中国和印度这两个世界人口绝对量增长大国，近年小麦消费总量则徘徊不前。世界小麦消费总量的增长来源十分分散，大多数国家年度增量很小，小麦消费量快速增长的地区则很少，这也是人们对世界小麦市场进行短期分析时只关注主产国生产形势的原因。

二十八、全球小麦储备的安全线在哪里?

世界粮农组织为确保世界小麦安全，规定每年小麦库存量不能低于下一年总需求量的17%~18%。如果低于此比例，则表明小麦供应形势特别严峻（见图3-8）。

2006/2007年度，小麦库存曾一度接近此安全线，但整体仍处于警戒线之上。

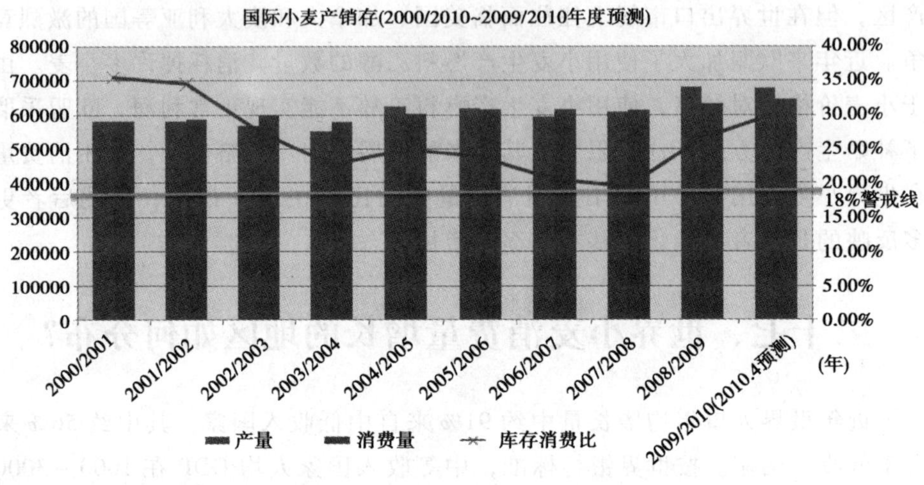

图 3－8　国际小麦产销存变化图

二十九、影响世界小麦消费量变化趋势的主要因素是什么？

影响世界小麦消费量的最主要因素是人口增长和经济发展。人口的刚性增长是推动世界小麦消费量长期增长的主要因素。一般认为，随着经济的增长和居民收入水平的提高，人均小麦消费量会经历一个先增长后趋稳甚至略有降低的过程。除此之外，小麦价格变化、政策及小麦产量也是影响世界小麦消费量的重要因素。这些因素往往会导致世界小麦消费量在年度间出现波动，但并不是决定小麦消费量长期趋势的主要因素。

自 1960 年以来，世界人口基本呈线性增长趋势。年均人口增长相对稳定，除个别年份外，年均增长 7300 万～8700 万人。印度是世界上人口增长最快的国家，近年年均人口增长在 1500 万人左右，其次是中国、尼日利亚和巴基斯坦，其他国家近年年均人口增长在 300 万人以下。俄罗斯和乌克兰人口近年呈减少态势，年均总人口减少约 65 万和 30 万人。人口减少使小麦出口产量增加，因此近年该两国在世界小麦出口市场中的地位逐步攀升。

与人口增长不同，经济发展对小麦消费量的影响并不是线性的。世界经济增长率年度间变化非常大，表现出一定的周期性。经济增长对小麦消费量的影响在不同的国家或不同的经济发展阶段的表现有明显不同：对低收入国家而言，温饱问题的解决会推动人均面粉消费量的增加；对中等收入国家而言，随着居民饮食结构中动物性食品比重的提高，人均面粉消费量将有所减少；对高收入国家而言，居民饮食结构已相对稳定，人均面粉消费量趋于稳定，小麦食用消费量的增长更多取决于人口增长。当然，这只是粗略的判断，世界各国饮食习惯差异很大，并不全部遵循这一规律。此外，经济增长对小麦工业消费量并没有明显的推动作用，至少从历史上看是如此，这一点与玉米有明显不同。

为更准确地分析人口增长和经济发展对世界小麦消费量的影响，需要进行简单的回归分析。具体而言，分别将世界小麦消费总量、世界小麦饲料用消费量和世界小麦食用、种用和工业用消费量作为被解释变量，将世界总人口、世界 GDP 总量和世界 GDP 总量的平方作为解释变量。其中，将世界 GDP 的平方作为解释变量的目的是验证经济发展对世界小麦消费量的非线性影响。世界总人口变化和世界 GDP 增长可以解释 98% 以上的世界小麦消费量年际变化。总人口的增长对世界小麦消费量的影响非常直接。相比之下，经济增长对世界小麦消费量的变化相对较弱，原因在于世界经济的增长与世界小麦食用消费量的关系要比与世界小麦饲料用消费量的关系密切。

在除去人口因素后，世界小麦消费量和经济发展的关系更为清晰。无论世界小麦人均消费量还是世界小麦人均食用、种用和工业用消费量与人均 GDP 的关系均与前面所作的定性分析相符。不考虑人口增长，经济的增长会促进小麦消费量的提高。在人均 GDP 达到 3300 美元左右时，小麦人均消费量以及小麦人均食用、种用和工业用消费量均达到最高点，此后则逐渐减少，在人均 GDP 接近 6000 美元后开始逐渐趋稳，其间世界小麦消费量的增长主要取决于人口的增长。目前，世界人均 GDP 在 8000 美元之上，已处于这一阶段。尽管各国或各地区居民消费习惯有很大差异，不会完全遵循这一规律，但这毕竟为分析中国小麦未来消费趋势提供了基本参照。

三十、我国小麦进出口历史及现状如何？

20 世纪 90 年代中期以前，我国小麦平均年进口量保持在 1000 万吨以上。这主要是由于国内小麦供需不平衡，也与中国小麦生产缺乏比较优势有很大关系。小麦进口方面：从20世纪90年代初以来，中国主要从加拿大、美国和澳大利亚三个国家进口小麦。从这三个国家进口的小麦数量超过全部小麦进口数量的80%，许多年份甚至超过90%。从1992年到2006年15年间的总体情况看，加拿大是中国第一大小麦进口国，其次是美国，尽管从澳大利亚进口小麦在很多年份所占比例不高，但是对改善中国小麦进口结构具有重要意义，而且近些年中国从澳大利亚进口的小麦所占比重越来越高。1996年以来，我国小麦连续几年获得好收成，生产能力逐步提高，小麦进口数量逐年减少，出口有所增加，2008年出口小麦13万吨，进口小麦仅3万吨。小麦出口方面：由于小麦出口数量较少，相对进口而言，其重要性并不突出。近些年中国小麦主要出口到韩国和菲律宾两个国家，其中出口到韩国的小麦数量最多。

2003年以来我国小麦进出口量变化情况见图3－9。

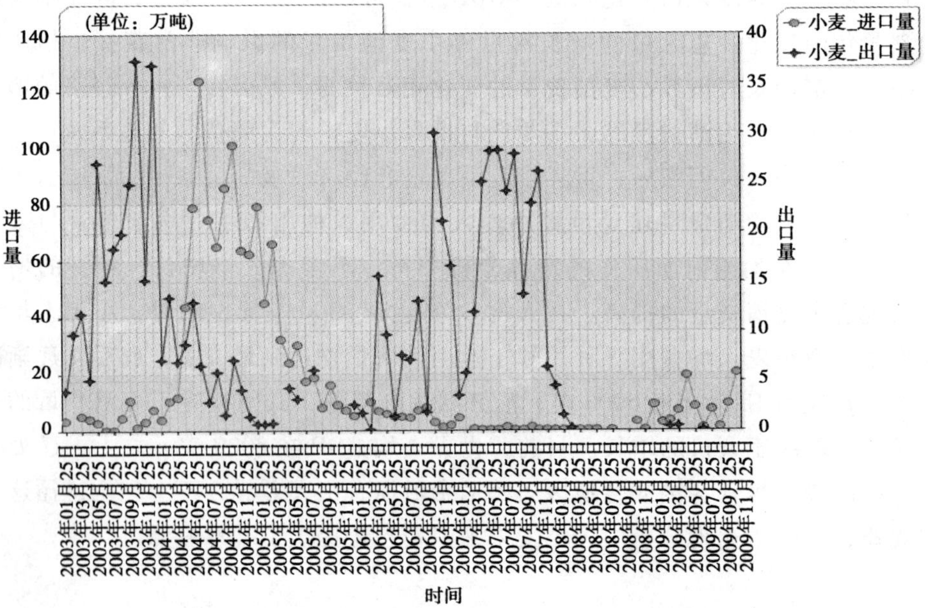

数据来源：易盛信息数据库。

图3－9　2003年以来我国小麦进出口量变化情况

三十一、我国现行小麦贸易政策如何?

对小麦贸易影响最大的当属“小麦最低收购价政策”了。自2006年起，国家决定在小麦主产区按照小麦最低收购价实行托市收购政策。几年来，托市收购政策的执行不仅为稳定小麦市场价格，保护种粮农民利益发挥了重要作用，而且对中央储备粮轮换政策的执行发挥了重要作用和影响。2009年，小麦最低收购价以当年生产的国标三等小麦为标准品，白麦1740元/吨，红麦、混合麦1660元/吨。2009年10月12日，2010年的最低收购价上调到三等标准品白麦1800元/吨。截至2009年9月，11个小麦主产省各类粮食企业累计收购新产小麦逾6000万吨。托市收购量占据年产量比例过半。

小麦最低收购价政策从哪里可以看到?

了解小麦最低收购价政策的具体内容可以登录中国储备量管理总公司网站：www. sinograin. com. cn。

三十二、全球小麦贸易情况如何?

亚洲和欧洲既是小麦生产大洲，也是消费大洲，但亚洲产不足需，需要大量进口。北美（含中美）洲和大洋洲虽然产量不是很高，但洲内消费比例较低，所种植的小麦大部分用于出口；非洲产量最低，但消费量相对较高，需要大量进口；南美洲生产和消费总量基本持平。因此，小麦的消费是全球性的。全世界约有40%的人以小麦为主食的供需结构决定了世界小麦贸易的特点：交易范围广、交易量大、参与国家多。

小麦生产集中，消费分散，全球小麦贸易出口国相对集中，进口国相对分散。全球小麦年贸易量约1亿吨，具有交易范围广、交易量大、参与国家多的特点。国际上传统的小麦出口国主要有美国、加拿大、澳大利亚、阿根廷。美国小麦产量的50%、澳大利亚和阿根廷产量的70%、加拿大的80%

用于出口。这几个地方的出口量占世界小麦贸易量的 70% 以上。

进口国主要集中在亚洲和非洲，南美和部分欧洲国家也有一些进口。仅亚洲进口小麦的国家就达 20 多个，年均进口量超过 100 万吨的国家就有 12 个。巴西、埃及、欧盟、日本和印度尼西亚小麦年均进口量都在 500 万吨以上，属进口大国和地区。国际小麦进出口量走势见图 3－10。

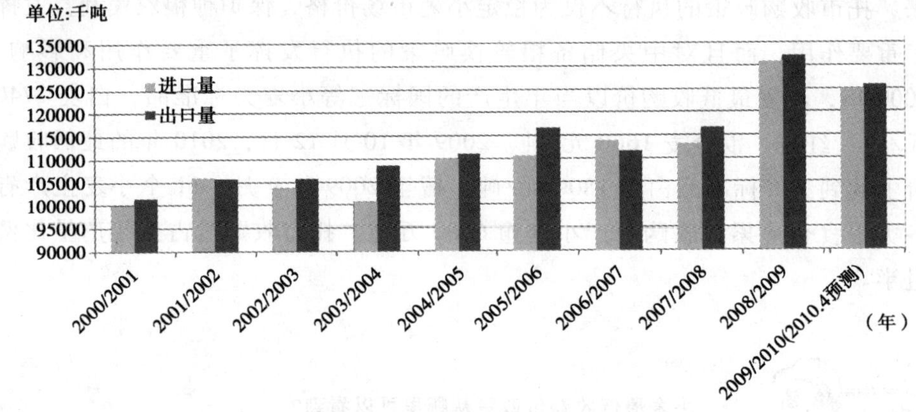

图 3－10　国际小麦进出口量走势图

我国进口小麦到中国口岸完税价格计算方法

到中国口岸完税，配额内完税价格＝（FOB 价格＋运费）×1.01（1%的关税）×1.13（13%的增值税）×保险费×汇率＋100 元人民币（卸船费）。如：2009 年 8 月 5 日美国美湾 8 月交货的 FOB 价格 185.1 美元/吨，到中国运费 59.15 美元/吨，则到中国港口完税价＝（185.1＋59.15）×1.01×1.13×1.001003009×6.83＋100＝2005.858（元/吨）

说明：上述为进口小麦的大概完税价。至于厂家最终使用价是多少，则要进一步考虑港口与厂家之间的运费。

另外：海上运费和卸船费港口不同费用也会不同。

三十三、全球小麦贸易格局的历史演变情况如何？

1. 澳大利亚开放粮食市场前的小麦贸易格局。美国是世界上第二大小麦生产国，仅次于中国，年产量在6000万吨左右，其中约有一半用于出口，是世界上第一大小麦出口国。美国国内粮食市场基本是完全放开的，从小麦贸易的起点麦农开始到最终出口，大都以市场的方式开展经营。

与美国的小麦贸易格局相反，加拿大和澳大利亚的小麦出口主要由政府或者具有政府背景的机构决定，属于典型的国营贸易。加拿大和澳大利亚的小麦进出口分别由加拿大小麦局和澳大利亚小麦局负责经营，实行小麦出口专营制度。

2. 澳大利亚放开粮食市场后的小麦贸易格局。长期以来，澳大利亚政府对小麦销售保持干预和管制的政策，这种管制逐步被放开，1989 年澳大利亚小麦的国内贸易完全放开，改变了以往由澳大利亚小麦局（AWB）垄断经营的局面，但是在小麦出口上还保持着垄断机制。1999 年 AWB 由半官方机构改革为公司。2006 年对小麦局“丑闻”事件的调查，使得其出口专营权走到了尽头。澳大利亚国内的粮食贸易都由各省分治，一旦放开国内粮食市场，那么各省的粮食公司将很难避免被国际垄断寡头并购的宿命。

加拿大国内的谷仓与物流系统有近 2/3 被 SWP、A－U 公司（ADM 控制）和嘉吉公司掌握，而本国公司的谷仓与物流只占到 1/3。毫无疑问，如果加拿大粮食出口放开，那么很快加拿大的粮食出口将被 2 到 3 家公司控制。

目前的粮食贸易格局的显著变化在于：在国家粮食贸易的进一步整合过程中，传统的粮食贸易公司或者转型或者关门，而拥有完整的供应链系统的寡头公司将占有越来越大的市场份额和国际影响力。在这种背景下，一旦国际粮食市场甚至国际外交格局发生变化，这些公司完全可能与美国政府达成某种交易而实现美国政府的政策目标。对于中国而言，一旦失去了澳大利亚小麦局与加拿大小麦局这两个长期稳定的合作伙伴，在需要进口小麦以补充国内需求的情况下将很可能出现不利情况。

自 测 题

一、填空题

1. 小麦国家标准（GB1351－2008）中规定，硬度指数（HI）大于等于

______的为硬麦。

2. 在全球谷物生产中，小麦面积约 34 亿亩，约占世界谷物总量的______。

3. 小麦按照播种季节可分为________和________。小麦品质的好坏，取决于蛋白质的含量与质量。

4. 小麦根据冬小麦、春小麦的皮色和粒质的不同，可分为______、________、________、________和________五类。

5. 按粉质仪所测定的稳定时间作为面筋强弱的指标，我国小麦分为______、______和______三类。

6. 截至 2008 年，小麦粉加工业产能排名前 3 位的是______（2349 万吨）、河南（2313 万吨）和河北（1090.4 万吨）。

7. 截至 2008 年，小麦粉企业产量位居前 3 位的企业分别是：______（172.9 万吨）、中粮集团有限公司（111.7 万吨）和江苏省银河面粉有限公司（58.3 万吨）。

8. 在我国，小麦主要有______、______和______等主要用途。

9. 我国小麦主要用于食用，制粉消费中约 75% 的小麦形成______，5% 形成______，20% 形成______。

10. 从 20 世纪 90 年代初以来，中国主要从加拿大、美国和______三个国家进口小麦。

11. 全球小麦年贸易量约______亿吨，具有交易范围广、交易量大、参与国家多的特点。

二、单项选择题

1. 我国小麦总产最近几年连续丰收，每年产量都在________以上。

A. 1 亿吨　　B. 9 千万吨

C. 5 千万吨　　D. 2 亿吨

2. 全球小麦产量在________亿吨左右。

A. 4 亿吨　　B. 5 亿吨

C. 6 亿吨　　D. 9 亿吨

3. 目前，面粉加工企业有向小麦________转移的趋势。

A. 产区　　B. 销区

C. 产区和销区　　D. 国外

4. 随着经济发展和人口增加，小麦的需求呈增长趋势。近几年，世界小麦总需求达到________亿吨以上。

A. 7 亿吨　　B. 8 亿吨

C. 6 亿吨　　D. 9 亿吨

5. 世界粮农组织为确保世界小麦安全，规定每年小麦库存量不能低于下一年总需求量的________。如果低于此比例，则表明小麦供应形势特别严峻。

A. 18% ~19%　　B. 17% ~18%

C. 19% ~20%　　D. 20% ~21%

6. 2010 年的小麦最低收购价上调到三等标准品白麦________元/吨。

A. 1800　　B. 1900

C. 2000　　D. 1700

7. 2009 年，11 个小麦主产省各类粮食企业累计收购新产小麦超过________万吨。

A. 0.7 亿吨　　B. 0.8 亿吨

C. 0.6 亿吨　　D. 0.9 亿吨

三、多项选择题

1. 2008/2009 年度我国小麦播种面积达 2300 万公顷左右，其中河南、(　　)和江苏是小麦生产大省

A. 湖南　　B. 山东

C. 河北　　D. 安徽

2. 因素影响小麦产量的因素有(　　)。

A. 播种面积　　B. 天气

C. 病虫害　　D. 生产周期

3. 小麦按照用途分可分为(　　)。

A. 硬冬白小麦　　B. 硬质红小麦

C. 优质强筋小麦　　D. 春小麦

E. 混合小麦

4. 优质强筋小麦主要用于加工制作(　　)。

A. 面包　　B. 拉面

C. 饺子　　D. 馒头

E. 普通面条

5. 欧盟、巴基斯坦和(　　)是小麦主要消费国，年消费小麦在2000万吨以上。

A. 澳大利亚　　B. 美国

C. 俄罗斯　　D. 中国

6. 国际上传统的小麦出口国主要有______、______、______、阿根廷。

A. 中国　　B. 美国

C. 加拿大　　D. 澳大利亚

7. (　　)和印尼同属小麦进口大国，小麦年均进口量都在500万吨以上。

A. 巴西　　B. 埃及

C. 欧盟　　D. 日本

四、判断题

1. 强麦期货交割标准中规定小麦湿面筋（14%水分基）为大于等于30%。（　　）

2. 强麦期货交割标准中规定面团稳定时间应大于6分钟。（　　）

3. 优质强筋小麦有一部分是硬白小麦。（　　）

4. 美国、加拿大等国的小麦之所以品质稳定，一个重要的原因就是，这些国家的小麦都是按不同的生态区来划定种植区域，一个区域内大规模连片种植同一类型的品种。（　　）

5. 小麦是人类的主要食品，全世界小麦播种面积多于其他任何粮食作物，在我国也是粮食系统中的重中之重，是营养比较丰富、经济价值较高的商品粮。（　　）

6. 随着人们生活水平的提高，制粉消费稳中有降，饲用及工业消费不断增加。（　　）

7. 优质强筋小麦和硬白小麦在用途上基本相同，都是制作面包、拉面等面食。 （ ）

8. 在面粉加工业中，不论是企业数量、生产能力和产量，还是工业总产值、利润和资产总额，民营企业均占绝对优势。 （ ）

9. 预计未来几年中国人均小麦消费量将缓慢降低，并将与人口的增长部分抵消，中国小麦消费总量将进入一个平稳期。 （ ）

10. 世界小麦食用、种用和工业用消费量变化较饲料消费量的变化平缓。 （ ）

11. 20世纪90年代中期以前，中国是世界主要小麦进口国。 （ ）

12. 自2007年起，国家决定在小麦主产区按照小麦最低收购价实行托市收购政策。 （ ）

参考答案

一、填空题

1. 60　　2. 32%　　3. 冬小麦　春小麦
4. 硬质白小麦　软质白小麦　硬质红小麦　软质红小麦　混合小麦
5. 强筋　中筋　弱筋　　6. 山东
7. 河北五得利面粉集团有限公司　　8. 食用　饲料　工业消费
9. 面粉　次粉　麸皮　　10. 澳大利亚
11. 1亿吨

二、单项选择题

1. A　2. C　3. A　4. C　5. B　6. A　7. C

三、多项选择题

1. BCD　2. ABCD　3. AC　4. ABC　5. BCD
6. BCD　7. ABCD

四、判断题

1. 对　2. 错　3. 对　4. 对　5. 对　6. 对

7. 错　8. 对　9. 对　10. 对　11. 对　12. 错

第四章
小麦价格影响因素分析

【本章要点】

农产品所具有的商品和金融双重属性日益增强，小麦作为我国乃至世界重要的粮食作物，也不例外。宏观经济的周期波动、自身供求关系的变化、相关品种的影响干扰、国家政策的调控干预、全球气候的风云变幻……无一不对小麦价格产生或强或弱、或多或空的影响。本章着重围绕以上影响因素，粗略展现小麦价格变化的基本逻辑。

一、宏观因素对期货价格的影响有多大？

影响期货价格变化的因素很多，如商品供求关系的变化、各国财政政策和货币政策的动向、投机因素等，但对期货价格影响最为深远、最为持久的因素当属宏观经济的运行状况。

宏观经济形势对期货价格的影响主要通过以下几个渠道表现出来：

首先，宏观经济形势变化会影响到投资者信心。当 GDP 增速加快时，投资者对后期经济形势充满信心，投资者就会以做多为主；反之，投资者对后市普遍看淡时，会选择平仓或卖空，导致市场卖压加大，期货价格走低。

其次，宏观经济形势的变化会影响到商品的供求关系。当经济增速开始回升时，投资增速也会加快、居民消费额会不断上升、外贸出口也会增加，在它们带动下，商品需求量会不断扩大，现货供应压力会逐步减轻，期货价格会稳步上扬；反之，期货价格则可能步步走低。

再次，随着宏观经济形势变化，国家的宏观调控政策也会调整。当经济增速加速初期，央行一般采取宽松的货币政策，充足的流动性会减轻现货压力，对期货价格产生利多影响。但当经济增速过快、CPI 失控、经济出现过热苗头时，央行会采取紧缩的货币政策，随着市场上流动性减少，现货压力会逐步加大，期货价格会冲高回落。

在分析宏观经济走向时，应重点关注以下指标：

1. GDP 增速变化。为保证居民生活水平不断提高和为社会提供充足的就业机会，我国的经济增速应不低于 8%，如果 GDP 增速低于 8%，甚至同比出现下滑时，则有可能出现通货紧缩，从而对期货价格产生利空影响。

2. CPI、PPI 指数变化。当 CPI、PPI 指数同比出现稳步增长时，会对期货价格会产生利多影响；反之，则可能对期货价格产生利空影响。

二、金融危机中，小麦顶住了吗？

金融危机是指货币信用领域出现的剧烈动荡和混乱，又称金融风暴。2008 年美国金融风暴席卷全球，顶尖投资银行土崩瓦解，甚至东欧、南美多个国家濒临破产边缘，各国的金融体系和资本市场都面临着巨大的威胁。在美国金融危机向更深层次、向全球演进的背景下，中国经济也将面临前所未有的考验。同样，国内的农产品市场也受到了不同程度的影响。国际金融市场动荡，引发国际农产品平仓抛售，国际大豆、豆粕、豆油、小麦、玉米的价格都有所下降。国内的各种农产品价格也有不同程度的下降。

由于我国小麦市场政策主导因素明显，金融危机对我国小麦市场影响有限。2008 年伊始，受国际市场小麦价格大幅冲高的带动，国内小麦市场价格稳步走高，国家不断增加小麦拍卖投放数量等一系列调控措施大大缓和了国内市场小麦的上涨幅度。之后，在国际市场粮价受金融危机影响的连续大跌背景下，国家通过提高最低收购价和拍卖底价，限制了国内小麦市场价格的下行空间，保证了国内小麦价格的平稳运行。在 2008 年第四季度，3 级普通白小麦全国主要批发市场平均价格 1710.52 元/吨，较上一季度上涨 4.27%，较上年同期涨 7.47%。国内小麦价格在金融危机的强压下，仍保持着稳步走高的势头。在金融危机中，小麦顶住了，中国的农产品市场顶住了。

三、我国粮食的国际贸易对粮食价格影响大吗?

粮食国际贸易对我国来说，其根本任务应该是保证粮食安全。加入 WTO 后将形成以粮食进口和国内粮食生产结构及布局调整为主、储粮调节为辅的粮食供求平衡关系。我国粮食自给率始终保持在较高水平，自 2004 年开始我国粮食净进口出现大幅增长，目前自给率仍然保持在 94% 以上。

我国粮食出口额对现货价格有一定的预测作用。出口增加往往表示国内供给出现短期过剩，根据供求关系，粮食价格将出现一定程度的下降。进口额对现货价格的解释十分不明显，不能作为现货价格变动的解释原因。

我国粮食出口额对期货价格的解释能力很弱，不能作为期货价格变动的解释原因。进口额对期货价格有负面作用，即进口增加时会降低国内期货价格，这与我国国内粮食价格长期高于国外、外部廉价粮食作物进入国内参与价格竞争、压低国内粮食价格有明显关系。

粮食的出口变化对粮食现货价格产生了直接影响，相比之下进口因素对粮食现货价格的影响十分有限。现货价格是显著反映市场当期供求关系的价格体系，出口增加则是市场供大于求的表现。供大于求时属于买方市场，市场价格便出现了下降。出口的增加将会抑制下一期粮食价格的进一步下降，对价格稳定起到一定的调节作用。国外粮食价格低于国内粮食价格的长期表现，也会制约粮食持续大量出口。粮食的进口则多为远期贸易，进口额在很大程度上已经在之前确定，是即期市场供求的内生变量之一，对现货市场价格的影响有限。

郑州商品交易所强麦期货标的为符合规定的优质强筋小麦，这些强麦内在品质好，与进口麦品质接近，已在相当程度上替代进口。相对于硬白小麦来说，强麦价格更易受到进口小麦的影响，与国际小麦价格联动性更强一些。

四、小麦自身的供需关系是决定价格的根本因素吗?

供求因素是决定小麦价格的根本因素。总的来说，小麦主要用于食用，其需求总量基本稳定，需求因素对小麦价格的影响是缓慢的；供给的变化会引起小麦价格快速变动。

1. 供给方面，影响小麦供求的因素主要由三部分组成：

（1）前期库存量。它是构成总产量的重要部分，前期库存量的多少体现着供应量的紧张程度，供应短缺价格上涨，供应充裕价格下降。

（2）当期生产量。当期产量主要受种植面积、单产的影响。影响种植面积的主要是农民与其他农产品的比较收益、国家的农业政策等因素，影响单产的主要是天气、科技水平等。我们必须分析研究小麦的播种面积，气候情况和作物生产条件，生产成本，以及政府的农业政策等因素的变动情况。

（3）商品的进口量。商品的实际进口量往往会因政治或经济的原因而发生变化。因此，应尽可能及时了解和掌握国际形势，价格水平，进口政策和进口量的变化。

2. 需求方面，影响小麦供求的因素通常由国内消费量、出口量及期末商品结存量三部分组成：

（1）国内消费量。它并不是一个固定不变的常数，而是受多种因素的影响而变化，这些因素主要有：消费者购买力的变化，人口增长及结构的变化，政府收入与就业政策。

（2）出口量。在产量一定的情况下，出口量的增加会减少国内市场的供应；反之，出口减少会增加国内供应量。

（3）期末商品结存量。这是分析期货商品价格变化趋势最重要的数据之一。如果当年年底存货增加，则表示当年商品供应量大于需求量，期货价格就可能会下跌；反之，则上升。

综合考虑以上供给和需求的两方面因素，对小麦市场价格中长期判断会有很大帮助。

五、小麦购销政策是如何演变的?

小麦问题关系国计民生，政府经常对小麦出台宏观调控政策（见表4－1），以稳定粮食生产，保障粮食供给，防止通货膨胀。自2006年开始实行的小麦最低收购价收购和拍卖政策对稳定小麦价格起了很大作用，进出口及税收政策也是影响小麦价格的重要因素。

表4－1　粮食政策措施对价格的影响

时间	粮食政策措施	结果
1985年	取消实行30多年的粮食统一收购，实行合同定购	造成粮价下跌，随后抑制粮食生产，供求关系变的紧张，1989年与1985年相比，小麦价格共上升131%
1990年	国务院决定建立国家粮食专项储备制度	1990～1994年，粮价波动基本重蹈了1984～1989年的覆辙，1994年与上年比小麦价格上涨了117%。随后，江泽民提出“三个稳定，两个平衡”的指导方针
1995年	在粮食连续丰收的情况下，采取以保护价敞开收购粮食为核心的调控措施，3年内政府收购价提高了105%	1996年粮食产量突破5000亿千克大关，大规模高价位库存积累出现，但市场粮食供过于求，粮价持续低迷
1999年	国务院深化粮食流通体制改革	1999年到2000年这一阶段，市场粮油价格仍处于低迷状态，小麦收购保护价在每千克1.28元
2001年	对粮食主校区和主产区根据不同情况进行粮食改革	各品种市场购销价格仍在低价徘徊，市场小麦价格总体在每千克1.1元左右
2006年	国务院指出要完善粮食直接补贴和最低收购价政策	从2006年起，托市价格不断上升，收购小麦数量占全国小麦收购量的80%以上，对小麦市场价格具有关键作用

相对于普通小麦而言，强筋小麦是市场化程度较高的品种，受政策干预较小，是较好的期货品种。如自2006年开始施行的托市收购是针对普通小麦、白麦、红麦等，而非优质强筋小麦。不过，强麦虽不直接受国家宏观调控政策影响，但作为小麦中的一个品种，这些活动对强麦期货价格有很大影响。

从近几年的市场运行状况来看，我国小麦市场“政策市”特征相对明显，国家政策对于小麦市场具有无可置疑的话语权。国家通过收储、拍卖两条线运行机制来调控市场，保证了市场的需求，避免了小麦价格出现异常波动。一方面，国家不断提高收购价格，通过最低收购价小麦收购，既增加了农民种粮的积极性，又使政府手中掌握着大量的粮源，调控市场具有较强的物质基础；另一方面，国家按照顺价销售原则，适时调整拍卖底价，不同时期、不同阶段根据市场供需状况，通过最低收购价小麦拍卖量的变化来调控市场。每次调整底价的背后都伴随着现货价格的上涨及国家对后市价格的预期，而最低收购价小麦投放量的大小则反映了政府对当前市场的一种态度。国家托市最低收购价小麦的收购价格、拍卖价格，已成为市场价格公认的“风向标”，这种标杆作用基本主导着小麦市场的走势。

六、小麦托市收购政策出台的背景是什么？

从2004年开始，中国粮食产量连年丰收，2004年到2006年3年内粮食产量累计增加6675万吨。经过连续恢复性增产之后，2005年至2006年小麦价格走势低迷，为稳定农民种粮收益，保证国家粮食安全，2006年国家在主产区启动小麦最低收购价执行预案。预案执行区域为河北、江苏、安徽、山东、河南、湖北。在这些省按小麦最低收购价进行托市收购，主要是考虑这6个省是我国粮食主产区，6省小麦产量占全国的76%，商品量占83%。在小麦主产省执行最低收购价任务的企业是中储粮总公司及其设在有关地区的分支机构、6个主产省地方储备粮公司（单位）和北京、天津、上海、浙江、福建、广东、海南7个主销区省级地方储备粮公司（单位）。中储粮总公司及相关分支机构，作为国家委托的最低收购价政策执行主体，对其按最低收购价收购的小麦数量、质量和库存管理负总责。地方政府要委托地方储备粮管理公司（或单位）按最低收购价入市收购，充实地方储备。

七、最低收购价对小麦价格的长期走势有何影响？

自2006年首次执行小麦最低收购价预案以来，5年间最低收购价水平

（见表4－2）累计提高460元/吨（白麦）和480元/吨（红麦和混合麦），年均上调幅度分别为5.7%和6.2%。在最低收购价推动下，小麦价格呈稳步走高态势。2010年四季度宣布上调2011年小麦最低收购价100元/吨（白麦）和140元/吨（红麦和混合麦），分别达到1900元/吨（白麦）和1860元/吨（红麦和混合麦）。在最低收购价格提供底部支撑的背景下，小麦收购价格拾级而上。对于国家每年均上调最低收购价的预期已经形成，这将为小麦价格走高提供稳定支撑。

2006年以来最低收购价小麦收购量及普通小麦收购价格延最低收购价逐步爬升情况见图4－1和图4－2。

表4－2　我国历年小麦最低收购价标准　单位：元/吨

年度	2006	2007	2008		2009	2010	2011
			年初	新粮上市前			
白麦（三等）	1440	1440	1500	1540	1740	1800	1900
红麦/混合麦（三等）	1380	1380	1400	1440	1660	1720	1860

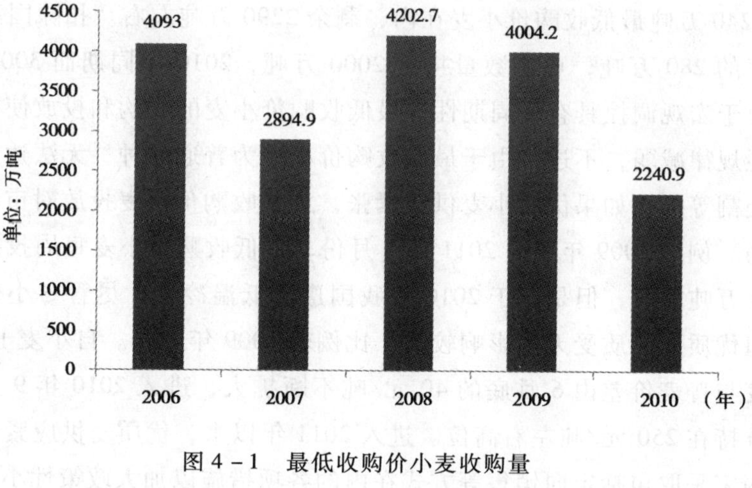

图4－1　最低收购价小麦收购量

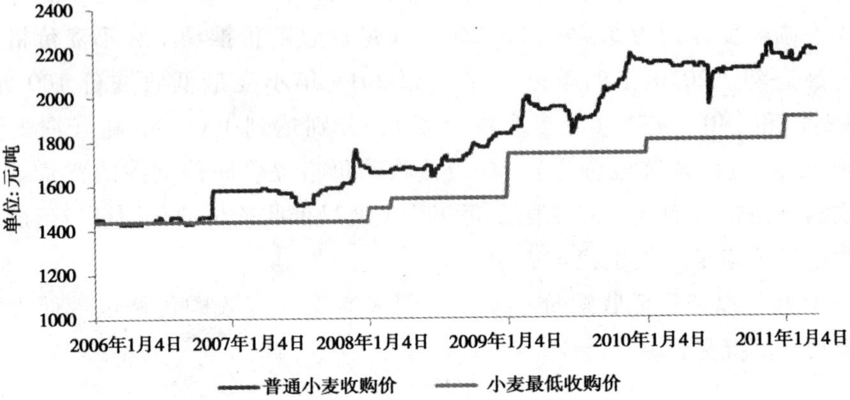

图 4－2　普通小麦收购价格延最低收购价逐步爬升

八、政策性小麦竞价销售对市场有何影响?

2006～2010 年，主产区累计收购最低收购价小麦 1.744 亿吨。2006 年 11 月份至 2011 年 4 月中旬期间已累计销售超过 1.50 亿吨，包括 2010 年收购的 2240 万吨最低收购价小麦在内，剩余 2290 万吨左右。扣除国家计划定向出库的 280 万吨，可售数量接近 2000 万吨，2010 年同期而 3000 万吨左右。由于宏观调控具有反周期性，最低收购价小麦的收购和投放使得原有的季节性规律减弱，不过，由于最低收购价小麦为普通品种，无法达到强筋麦期货交割等级，如果优质小麦供应紧张，最低收购价小麦投放对市场影响就会减弱。例如 2009 年底至 2011 年 4 月份，最低收购价小麦每周投放量均高达 450 万吨左右，但是由于 2010 年我国遭遇低温冷害，尽管冬小麦总产提高，但优质麦品质受天气影响较大，比例较 2009 年下降。自小麦上市以后，优质麦与普麦价差由 6 月底的 40 元/吨不断扩大，进入 2010 年 9 月份以后价差维持在 250 元/吨左右高位。进入 2011 年以来，优质麦供应紧张形势加剧。国家采取包括定向销售等方式在内的各项措施以加大政策性小麦投放力度，普通小麦供应相对充裕，导致品质价差不断拉大。截至 3 月底，价差已升至 400～440 元/吨水平，远高于 2007 年以来的均值。在此期间郑州强筋麦期货价格涨幅显著。

最低收购价小麦拍卖成交情况及2006～2011年全国最低收购价小麦竞价交易量见图4－3和表4－3。

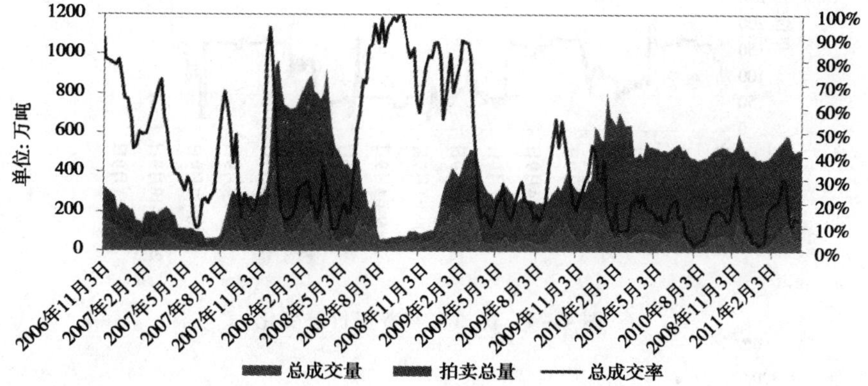

图4－3 最低收购价小麦拍卖成交统计

表4－3 2006～2011年全国最低收购价小麦竞价交易量 单位：万吨

	2006年	2007年	2008年	2009年	2010年	2011年1～5月份
竞价交易量	617	6072	9462	8897	20848	8542
成交量	493	2781	2676	3104	3196	1154

数据来源：国家粮油交易中心。数据不包括少量网上交易和国家对面粉企业的定向销售量。

小麦期货价格影响因素举例：

2010年，CBOT小麦期货价格累计上涨40%左右，郑州强筋麦期货价格累计涨幅也近20%。与此同时，衡量通胀水平重要指标的消费者价格指数（CPI）屡创新高。为遏制不断增强的通胀压力，我国政府出台严查投机资金、增大储备粮投放力度、提高存款准备金率等诸多措施，打出一套“组合拳”，市场投机气氛受到明显抑制。现货市场普麦价格已应声下跌40～60元/吨，受此拖累，优质麦价格也出现小幅回落势头，但目前优质麦和普麦价差仍高达250元/吨左右，总体处于历史最高水平，远高于2007年以来120元/吨的平均值（见图4－4）。

2009年以来强筋麦主力合约价格见图4－5。2010年强筋麦期货价格影响因素见图4－6。

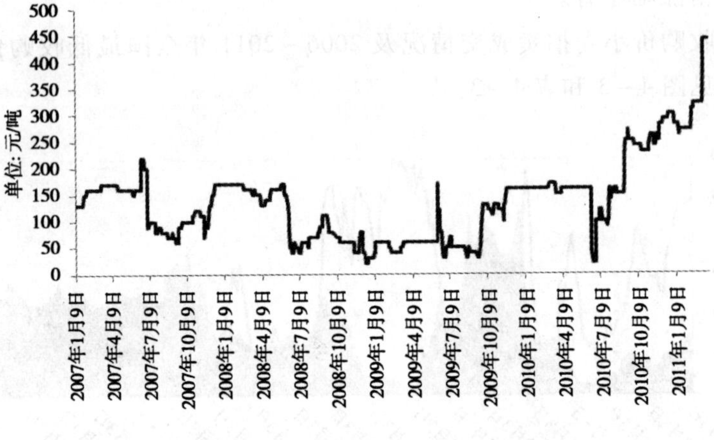

图 4－4　优质麦与普麦价差变化

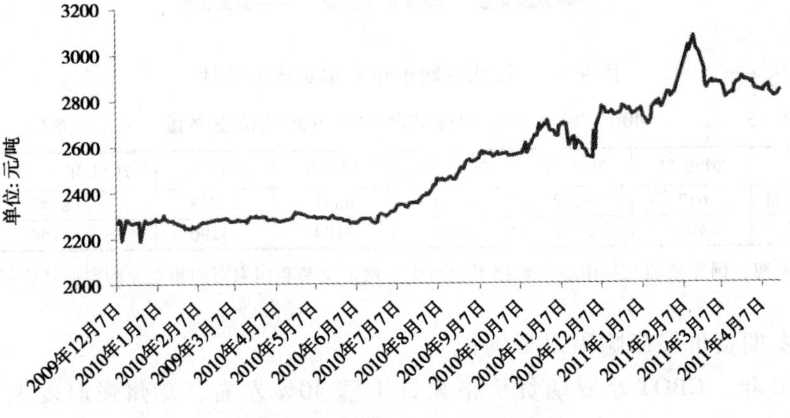

图 4－5　强筋麦主力合约价格

九、相关品种是如何对小麦价格构成影响的？

对于小麦而言，主要相关品种是稻谷、玉米、棉花和油菜籽等。其中，稻谷与小麦同为口粮品种，二者之间存在替代性。不过，稻谷对小麦口粮消费的替代性主要体现在我国，存在区域性特征。随着我国城市化进程保持每年1%左右的速度发展，生活节奏加快，大米消费比重增加。华北、西北等传统面粉消费区大米消费量增长趋势明显，从长期来看，稻谷和小麦价差呈

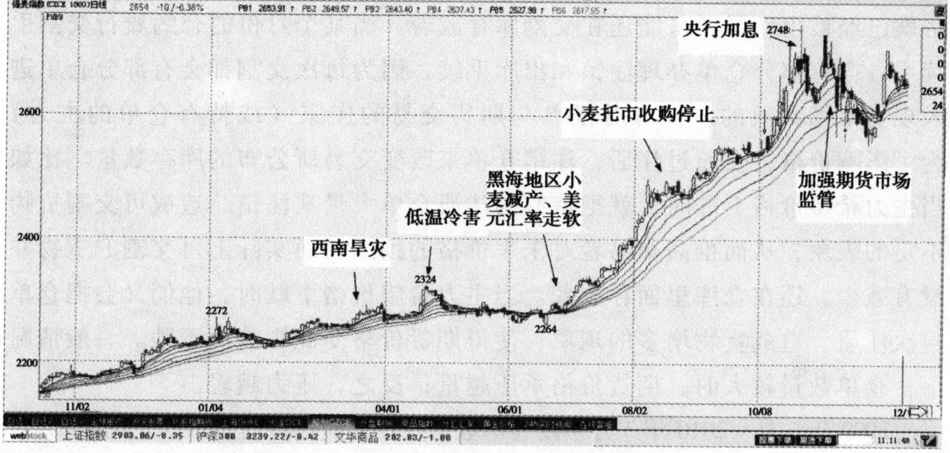

图 4－6　2010 年强筋麦期货价格影响因素

不断拉大趋势。小麦对玉米的替代主要体现在饲用消费方面。从理论上讲，若玉米与小麦在同等价格基础上，即可在饲料中用小麦替代玉米，不过，通常情况下，小麦和玉米比价要降至 0.9:1 以下，替代数量才会增加。就蛋白含量角度而言，小麦蛋白含量为 13%，较玉米的蛋白含量 9% 要高，因此在蛋白类原料价格走高的时候，使用小麦替代玉米将更加经济。国内适合用作饲料加工的小麦的年产量约在 2500 万～3000 万吨。不同种饲料中添加小麦的最大比例为：肉蛋鸭料 100%，中大猪料 100%，鸡料 0～20%，乳猪料少有替代。棉花和油菜籽对于小麦的影响主要体现根据种植收益的此消彼长，安徽、湖北等地区种植面积会发生替代变化。

十、仓单数量对期货价格有影响吗？

仓单本身不足以压制现货价格，但可以通过对期货市场的影响，增强两个市场的联动性。仓单可分为注册仓单和非（未）注册仓单。当现货商把符合交割标准的货物交到交易所的交割仓库，交割库检验合格后，给货物持有人开具标准仓单，货物持有人可以拿着标准仓单到交易所的交割部办理注册手续，经过注册的仓单才可以进行交割。其总数也就是交易所公布的库存数量。已经注册的仓单同样可以办理注销手续。但此时仓单所标示的货物未必就已经被出库了，可能还在交割库存放着。当某个月份的合约履行交割手续后，会有部分仓单办理注销和出库手续，因为每次交割都会有部分仓单进入现货市场流通的。但有时候参与期货交易的庄家（或持有仓单的主力）为了影响价格，会通过注册，注销仓单来改变交易所公布的库存数量。比如当主力希望价格上涨时，就把持有的注册仓单大量地注销，造成可交割货物不足的表象，从而推高交易者对未来价格的预期，而实际上可交割的货物并没有减少，还在仓库里面存放着。当主力希望价格下跌时，他们又会把仓单再次注册，造成货物增多的现象，使得期货价格受此影响而下跌。一般情况下，仓单数量较大时，期货价格承压越重；反之，压力越轻。

2009 年 6 月 ~2010 年 3 月小麦仓单数量及相对应期货盘价情况见图 4－7。

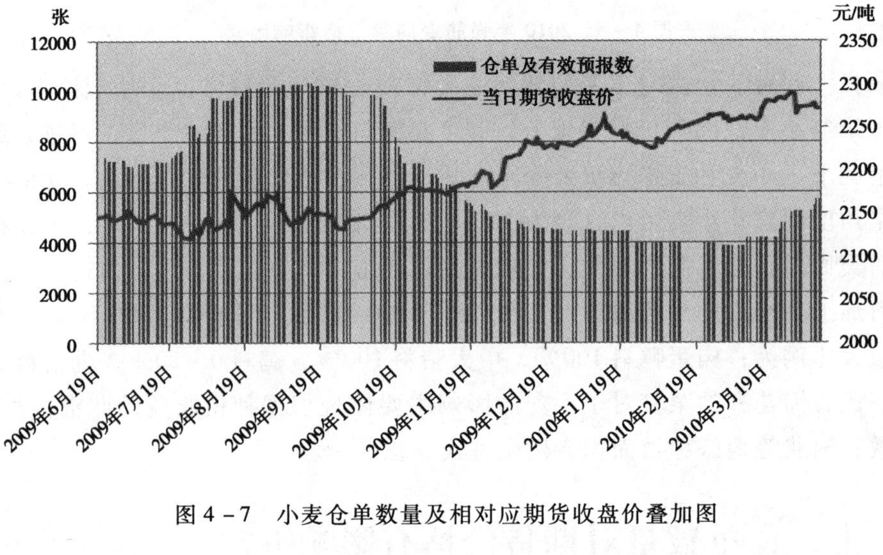

图 4－7　小麦仓单数量及相对应期货收盘价叠加图

【案例 4—1】

从 2004 年 9 月 20 月开始，郑州小麦价格大幅下跌，硬麦 411 合约从 1770 元最低跌至 1532 元，降幅达到 238 元，同时强麦 411 合约也从 1832 元最低跌至 1582 元，下跌 250 元。期货价格如此大幅下跌，小麦现货市场却表现相对稳定。造成这一现象的主要原因是期货基准价格计算方式不同。先前价格是以河北、山东等地小麦注册成标准仓单价格来衡量，而当前价格是面粉企业愿意接仓单出库的价格。可以说，交割库的仓单是影响本轮期货价格下跌最为主要的因素之一。

当时，郑麦仓单开始出库，特别是国庆过后硬麦仓单大幅减少，强麦仓单陆续出库。从郑州商品交易所强、硬仓单公布情况来看，出库仓单有三个明显的特点：第一，郑麦仓单出库地域性特点极为明显。第二，郑麦仓单出库顺序上，同一交割库低等级小麦优先出库。第三，硬麦仓单出库先于强麦仓单出库。

2005 年 11 月 1 日，郑麦强麦主力 WS501 合约收盘 1656 元，下跌 31 点，期价高开低走，再度创下近期新低，这也反映河南、湖北、浙江、重庆等地的小麦仓单压力对当前郑麦市场的投机力量来说依旧沉重，仓单的地域性特点将决定期货价格还将以震荡走低的走势来化解河南等仓单压力。同时强、硬麦仓单出库的差异性将决定后期硬麦走势较强麦相对坚挺。

由此可见，仓单的数量变化在某些时期也会对小麦期货价格起到一定的影响作用。

十一、小麦生育期内可能遭受哪些自然灾害？

小麦生长周期较长，其产量受天气影响很大。如果冬小麦产区降水适时、光温条件较好，小麦出苗、分蘖及越冬状况好，则利于小麦丰收。冬小麦的生长周期如图 4 – 8 所示。

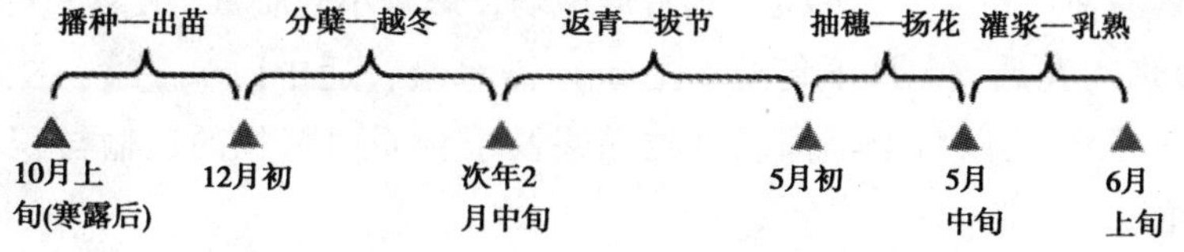

图 4 – 8　冬小麦生长周期

1. 播种—出苗（10 月上旬至 12 月初）需水量适中。

干旱——小麦播期会推迟，导致出苗发育期较常年推迟，苗情会相对较差。

持续阴雨——小麦播期会推迟，导致出苗发育期较常年推迟，苗情会相对较差。

冻害——11~12月份温度骤降，幼苗抗冻能力还较差，土壤孔隙大及缺墒的麦田易造成冻害。

2. 分蘖—越冬（12月至2月上旬）需水量：2月较少。

出现冻害——12月下旬~1月底，如因天气反常造成冻（-13°C以下）融交替，会形成严重冻害。

干旱——抑制营养器官生长，影响分蘖与成穗数。分蘖数量决定小麦的穗数，也初步决定了小麦收成的好坏。

如果出现瑞雪，此阶段如降大雪，可起到补充土壤水份和保温的作用，利于小麦越冬。

3. 返青—拔节（2月中旬至5月初）需水量：3月逐渐增大，4月高峰期。

出现冻害——由于返青后植株生长加快，尤其小麦拔节后，抗寒力明显下降，加之早春麦田气候多变，冻害频繁。

干旱——起身至孕穗期间干旱，影响穗器官的发育，使穗粒数锐减，对产量影响最大。

4. 抽穗—扬花（5月初至5月中旬）需水量：最关键的时期需要较长的日照天数和20度左右的温度。

干旱——开花以后干旱抑制籽粒灌浆及干物质向籽粒的运输与积累，导致粒重下降。

倒伏——小麦孕穗期以后由于大风大雨的影响使小麦大量倒卧的现象。一般小麦抽穗前后倒伏造成产量损失30%~40%。另外，大风天气对小麦扬花不利，容易使花粉流失，小麦受粉程度减弱，影响小麦质量，使容重降低。

5. 灌浆—乳熟（5月下旬至6上旬）需水量：适中。

干旱——开花以后干旱抑制籽粒灌浆及干物质向籽粒的运输与积累，导致粒重下降。

倒伏——小麦孕穗期以后由于大风大雨的影响使小麦大量倒卧的现象，灌浆期倒伏一般减产10%~30%。

干热风——干热风是指小麦生育中后期由于高温、干旱伴随大风而使小麦受害的一种气象灾害，会使小麦灌浆受到影响，容易早熟，影响籽粒饱满。干热风轻者造成减产5%左右，重则减产10%~30%或更多。

大范围降雨——降雨如果在收获前或中，遭受大范围降雨天气，则小麦容易生芽。

黄淮冬麦区小麦生长阶段、影响产量因素及影响我国小麦生产的主要灾害情况见表4－4和表4－5。

表4－4　　黄淮冬麦区小麦生长阶段和影响产量的因素

阶段	播种—出苗	分蘖—越冬	返青—拔节	抽穗—扬花	灌浆—乳熟
月份	10月上旬（寒露后）至11月	12~2月上旬，3月份还可部分春分蘖	2月中旬~4月	5月初~5月中旬	5月下旬~6月上旬
需水量	适中	2月较少	3月逐渐增大 4月高峰期	最关键	适中
与天气的关系	如果在播种阶段天气持续阴雨或干旱，土壤长期处于过湿或过干状态，小麦播期会推迟（比如10－15天），则导致出苗发育期较常年推迟，苗情会相对较差。不能满足种子的吸水量要求，就不能发芽	（1）分蘖数量的多少初步决定了小麦的收成好坏。如果小麦苗情较差，则分蘖数量会偏少。分蘖数量决定小麦的穗数。如果分蘖能力太强，则在收获前遇到大风，容易形成倒伏，从而影响产量。（2）越冬是小麦储备能量的时期，如果能有几场大雪，则可有效补充土壤水分。降雪虽伴随着较强的降温过程，但大部地区有积雪覆盖，对夜田起到了增墒、保温作用，保证了冬小麦安全越冬。（3）12月下旬至1月底正常生长的小麦进入越冬期以后，有较强的抗寒能力，而一旦气温回升，幼苗缓慢生成，抗寒力就会降，这时若出现－13℃~－15℃的低温，对小麦会造成较严重的冻害	在2月中下旬，冬小麦开始陆续返青，4月上旬陆续进入拔节阶段。由于返青后植株生长加快，抗寒力明显下降，加之早春麦田气候多变，冻害频繁，影响小麦生长。（1）如果此一阶段遭受严重冻害袭击，则部分已处于拔节期的冬小麦将会被冻死，由此决定了该地区冬小麦的单产水平将肯定出现下降。这段时间要提防"倒春寒"。（2）期间如果干旱，则影响穗器官的发育，使穗粒数锐减，对产量影响最大	主要因素是每天有比较长的日照时数和一定的天数，其次要求比较高的温度，以20度左右通过光照阶段最快。如果光照阶段的要求得不到满足，就不能正常发育，不能正常抽穗。在5月份，冬小麦生长进入需水最关键时期。（1）如果旱情不仅没有缓解，反而继续发展，则抑制籽粒灌浆及干物质向籽粒的运输与积累，导致粒重下降，会直接影响到小麦单产水平。（2）如果出现大风天气，则对小麦扬花不利，容易使花粉流失，小麦受粉程度减弱，影响小麦质量，使容重降低	冬小麦灌浆充实籽粒阶段。如果水分适中，则小麦会充分灌浆。（1）如果天气严重干旱和高温，则会造成小麦灌浆期缩短，千粒重下降，不完善粒增加。（2）如果出现强降雨和大风天气，则容易形成倒伏现象，影响后期生长和正常收割；一般小麦抽穗前后倒伏造成产量损失30%~40%，灌浆期倒伏减产10%~30%。（3）如果出现干热风，则会使小麦灌浆受到影响，容易早熟，影响籽粒饱满。干热风轻者造成减产5%左右，重则减产10%~30%或更多。（4）如果在收获前或中，遭受大范围降雨天气，则小麦容易生芽

表 4-5　　影响我国冬小麦生产的主要灾害

因素	概念	类型	发生时间	影响
冻害	冻害是我国小麦的主要气象灾害之一。主要指小麦在越冬期或春季生长期遭受强降温或低温伤害	(1) 初冬温度骤降型	小麦越冬前或越冬初期（11~12月），由于气温聚降导致小麦冻害	此时幼苗还未经抗寒性锻炼，抗冻能力较差，特别是那些苗质弱，整地质量差，土壤孔隙大及缺墒麦田，如遇突然降温，极易造成冻害
		(2) 越冬交替冻融型	小麦越冬期间因天气反常造成冻融交替而形成冻害．多发生于12月下旬至1月底	正常生长的小麦进入越冬期以后，有较强的抗寒能力，而一旦气温回升，幼苗缓慢生成，抗寒力就会降，这时若出现-13℃~-15℃的低温，对小麦会造成较严重的冻害
		(3) 早春温度聚变型	小麦返青（2月中旬）至拔节（3月下旬），因寒流侵袭而形成冻害	由于返青后植株生长加快，抗寒力明显下降，加之早春麦田气候多变，冻害频繁，影响小麦生长
		(4) 春末晚霜型	小麦在拔节至抽穗期间（黄淮麦区3月下旬至4月上中旬）因晚霜低温引起冻害	该期间小麦生长旺盛，抗寒能力很弱，若气温突然下降（当最低气温-0.5℃~-1.5℃时，叶面最低温度3.0℃~4.5℃），极易形成霜冻
倒伏	指小麦孕穗期以后由于大风大雨的影响使小麦大量倒卧的现象	—	倒伏是小麦高产稳产的主要障碍，一般发生在小麦抽穗前后及灌浆期	一般小麦抽穗前后倒伏造成产量损失30%~40%，灌浆期倒伏减产10%~30%。造成小麦倒伏原因在前期，防止倒伏的有效措施在冬前和春季
干旱	土壤干旱是指土壤中含水量下降，导致作物根系吸水困难，从而抑制植株正常生长发育，造成产量下降	—	小麦生长前期、起身至孕穗期间、开花以后	不同生育时期受旱，对小麦的影响不同。前期干旱主要抑制营养器官生长，影响分蘖与成穗数；起身至孕穗期间干旱，影响穗器官的发育，使穗粒数锐减，对产量影响最大；开花以后干旱抑制籽粒灌浆及干物质向籽粒的运输与积累，导致粒重下降。从北方广大麦区看干旱是制约小麦发展的主要障碍

续表

因素	概念	类型	发生时间	影响
干热风	干热风是指小麦生育中后期由于高温、干旱伴随大风而使小麦受害的一种气象灾害	—	小麦生育中后期	干热风轻者造成减产5%左右，重则减产10%～30%或更多。在热、干、风三因素的共同胁迫中，高温胁迫诱发了干旱胁迫，而风起到增强胁迫的作用。小麦灌浆期间最适宜的气温是18℃～22℃，当日最高气温大于32℃，相对湿度小于30%，风速大于2米/秒时，小麦即可遭到轻度干热风的危害；当日最高气温大于35℃，相对湿度小于25%，风速大于3米/秒时，小麦即遭到干热风的严重危害，干热风出现的强度越大，持续时间越长，对小麦的危害就越大

【案例4—2】

2009年初期，北方持续干旱，不少人对小麦产量产生了担忧。对此，市场确实作出了反应，这一担忧已经推高了人们对小麦价格行情的预期，导致当前的期货价格上涨，由此可能会产生农民“惜售”现象。2009年春节前出现了五六个交易日的大幅上涨格局，交易量也有较大的变化，平均一天的成交量大约有20万手，干旱前的成交量比较少，低的时候只有几千手。很多的面粉厂、面粉加工企业纷纷进入期货市场进行买入套期保值。

十二、为什么有些年份发生旱灾和低温冷害等自然灾害，当年小麦产量不降反升？

天气对于小麦生长的影响非常复杂，从辩证的角度来看，自然灾害往往既有有害的一面，也有有利的一面，而且冬小麦生长周期长，回旋余地大，因此判断灾害对于生产的影响不能一概而论。以2010/2011年度为例，2010年末至2011年一季度，冬小麦主产区发生冬春连旱。受旱情发展影响，部分机构一度认为2011年中国小麦可能减产300万～500万吨，降幅约为3%～5%。尽管返青前产区旱情持续发展，但越冬前底墒充足，冬小麦冬眠期间停止生长，干旱对植株影响有限，并且冬小麦生长周期长，植株恢复能力强，单产回旋余地大，适度干旱对于小麦植株根系发育有利。冬小麦受旱区域85%左右的面积具备灌溉条件，各地加大灌溉力度，灌溉次数较正常水平增加1～2次。

2月下旬和5月上、中旬，我国冬小麦处于返青起身期、抽穗杨花与籽粒灌浆的关键时期，黄淮和华北地区出现3次大范围降雨，麦田旱情得到明显缓解，有效促进根系生长，保证冬前分蘖有效成穗，小麦起身、返青顺利，苗情整体好转。5月8～10日是小麦抽穗扬花的需水高峰期，冬麦产区出现大范围降雨，满足冬小麦籽粒形成与灌浆对水分的需求。5月20～21日，我国冬麦区再次出现大范围降雨，对于正值籽粒灌浆高峰期的冬小麦生长十分有利，并有效遏制“干热风”灾害的发生。

此外，春季冬麦产区低温持续时间长，小麦生长发育进程延缓，小麦的起身、拔节期较常年平均推迟7～10天，幼穗分化发育时间相应延长，有利于形成大穗多粒。同时，冬春干旱和春季持续低温共同作用，有效抑制大面积旺长，小麦株高明显降低。据调查，2011年我国主产区冬小麦植株高度较常年平均值普遍降低5～10厘米，抗倒伏能力显著增强，基本未发生往年出现的大面积旺长和倒伏现象。此外，由于干旱时间长，空气湿度低，2011年病虫害发生程度较常年同期偏轻。晴雨相间，温度适宜，昼夜温差增大，有利于小麦光合产物的制造与积累，品质和单产整体提高。据各地反映，冬小麦整体长势良好，亩穗数、穗粒数和千粒重均处较高水平。

我国11个主产省小麦历年越冬期生长状况见表4－6。

表4－6　11个主产省小麦历年越冬期间生长状况　单位：%

年度	一、二类苗比例	三类苗比例
2003/2004	73.0	27.0
2004/2005	71.0	29.0
2005/2006	86.0	14.0
2006/2007	82.4	17.6
2007/2008	80.7	19.3
2008/2009	81.7	18.3
2009/2010	78.6	21.4
2010/2011	83.7	16.3

数据来源：国家粮油信息中心。

十三、气候周期性变化对小麦产量的影响是如何体现的?

全球气候处于厄尔尼诺和拉尼娜现象交替的周期性变化过程之中（见图 4－9）。气候对于小麦生长的影响主要体现在气温和降水两方面。厄尔尼诺现象发生期间，北半球夏季降水增多，可能导致小麦收获前高温逼熟以及收获期间霉变发芽比例增加；而在拉尼娜现象发生期间，正值南半球小麦收获期，降水增多将导致澳大利亚等地区小麦单产和品质下降，北半球正值冬小麦越冬期和春季返青，低温少雨往往导致冬小麦苗情恶化。例如，根据气象部门的监测，2010 年南半球发生强拉尼娜天气，直接导致南半球降雨偏多，而北半球降水偏少。正值收获的澳大利亚小麦单产和品质均有下降。有分析认为，澳大利亚 2680 万吨小麦产量中，估计有 60% 的评级下调至饲料级，远高于 5% ~10% 的正常水平。美国冬小麦主产区降水依旧稀少，2011 年 4 月 11 日，美国农业部（USDA）公布的作物生长报告显示，由于冬季降水不足，美国冬小麦优良率为 36%，前一周为 37%，为 9 年来同期评级最低，2010 年同期为 65%，过去 5 年同期均值为 52%。2002 年 4 月初时，美国冬小麦的优良率为 31%，结果美国冬小麦当年产量为过去 10 年来最低。

美国冬小麦优良率与单产关系对比见图 4－10。

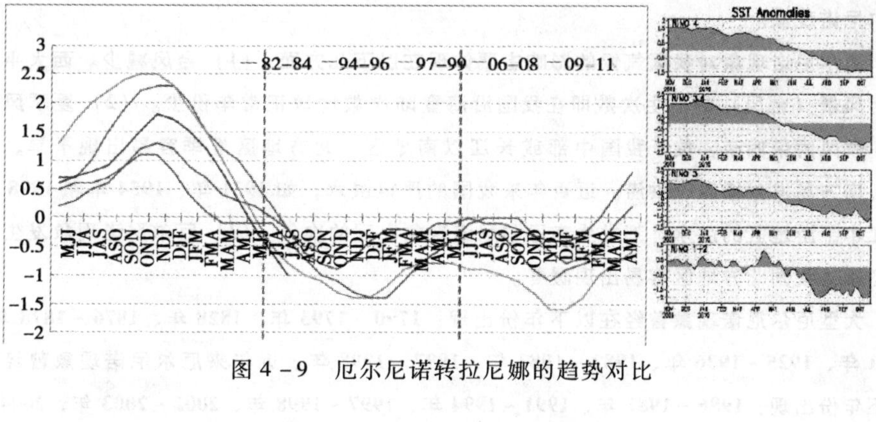

图 4－9　厄尔尼诺转拉尼娜的趋势对比

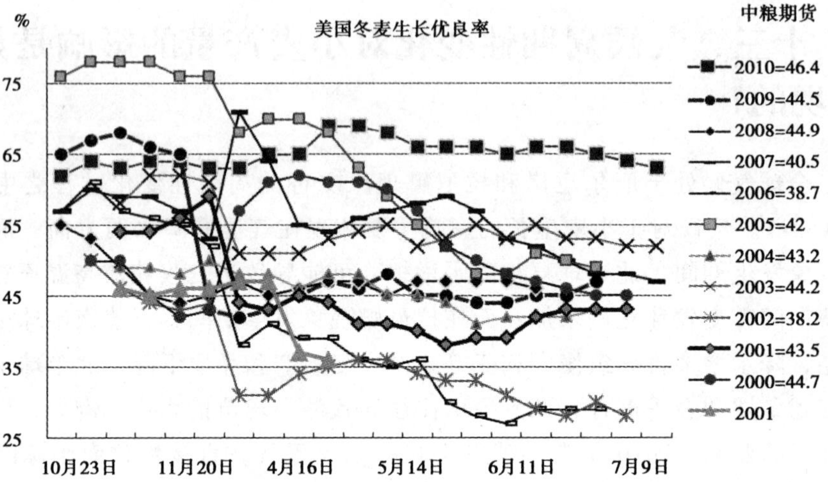

图 4－10　美国冬小麦优良率与单产关系对比

厄尔尼诺和拉尼娜

1. 厄尔尼诺。厄尔尼诺是西班牙语（El Niño），"圣婴"之意，是秘鲁、厄瓜多尔一带的渔民用以称呼一种异常气候现象的名词，主要指太平洋东部和中部的热带海洋的海水温度异常地持续变暖，使整个世界气候模式发生变化，造成一些地区干旱而另一些地区又降雨量过多。其出现频率并不规则，但平均约每 4 年发生一次。基本上，如果现象持续期少于 5 个月，会称为厄尔尼诺情况（condition）；如果持续期是 5 个月或以上，便会称为厄尔尼诺事件（episode）。一般认为海水表层温度连续 3 个月高出平均值 0.5 摄氏度以上，即可认为是一次厄尔尼诺现象。

厄尔尼诺现象对我国气候的影响主要体现在以下几方面：（1）台风减少。西太平洋热带风暴（台风）的产生次数即在我国沿海登陆次数均较正常年份少。（2）夏季风较弱，季风雨带偏南，位于我国中部或长江以南地区。北方地区夏季容易出现干旱、高温，南方易发生低温、洪涝。近百年来我国的严重洪水，如 1931 年、1954 年和 1998 年长江中下游地区的洪水，都发生在厄尔尼诺现象出现的次年。（3）厄尔尼诺现象发生后的冬季，我国北方地区容易出现暖冬。

大型厄尔尼诺现象曾经在以下年份出现：1790～1793 年、1828 年、1876～1878 年、1891 年、1925～1926 年、1982～1983 年、1997～1998 年。近年来厄尔尼诺现象曾经在以下年份出现：1986～1987 年、1991～1994 年、1997～1998 年、2002～2003 年、2004～

2005 年、2006～2007 年、2009～2010 年。

1982 年 4 月至 1983 年 7 月的厄尔尼诺现象，是几个世纪来最严重的一次，太平洋东部至中部水面温度比正常高出约 4℃～5℃，造成全世界经济损失近百亿美元。1986～1987 年的厄尔尼诺现象，使赤道中、东太平洋海水表面水温比常年平均温度偏高 2℃左右，同时热带地区的大气环流也相应地出现异常，热带及其他地区的天气出现异常变化；南美洲的秘鲁北部、中部地区暴雨成灾；哥伦比亚境内的亚马孙河河水猛涨，造成河堤多次决口；巴西东北部少雨干旱，西部地区炎热；澳大利亚东部及沿海地区雨水明显减少；中国华南地区、南亚至非洲北部大范围地区均少雨干旱。1990 年初又发生厄尔尼诺前兆现象。1990 年 1 月，太平洋中部海域水面温度高于往年，除赤道海域水面温度比往年高出 0.5℃外，国际日期变更线以西的海域水面温度也比往年高出将近 1℃；接近海面的 28℃的暖水层比往年浅 10 米左右；南美洲太平洋沿岸水域的水位比平时上涨 15～30厘米。1997～1998 年的厄尔尼诺现象，太平洋东部至中部水面温度比正常高出约 3℃～4℃，令长江出现大水，华南地区有持续暴雨，东南亚地区发生大规模的森林大火。这次厄尔尼诺现象紧接 1990～1994 年发生，频密程度罕见，但规模较小。2010 年中国西南五省的旱情也是由厄尔尼诺现象引起的。

2. 拉尼娜。拉尼娜是西班牙语（La Nina），“小女孩，圣女”的意思，是厄尔尼诺现象的反相，指赤道附近东太平洋水温反常下降的一种现象，表现为东太平洋明显变冷，同时也伴随着全球性气候混乱，总是出现在厄尔尼诺现象之后。气象和海洋学家用来专门指发生在赤道太平洋东部和中部海水大范围持续异常变冷的现象（海水表层温度低出气候平均值 0.5℃以上，且持续时间超过 6 个月以上）。拉尼娜也称反厄尔尼诺现象。

一般拉尼娜现象会随着厄尔尼诺现象而来，出现厄尔尼诺现象的第二年，都会出现拉尼娜现象，有时拉尼娜现象会持续两、三年。1988～1989 年，1998～2001 年都发生了强烈的拉尼娜现象，令太平洋东部至中部的海水温度比正常低了 1℃～2℃，1995～1996 年发生的拉尼娜现象则较弱。有的科学家认为，由于全球变暖的趋势，拉尼娜现象有减弱的趋势。

拉尼娜天气对于我国的影响主要表现为每年上半年我国北方盛行偏北风，北方地区偏北气流盛行，而东南暖湿气流相对较弱，再加上冷暖空气配合不利，此消彼长，无法在北方地区形成理想的降雨条件，由此出现持续少雨干旱天气。于此同时，长江以南局部地区却是暴雨频繁。研究结果表明，2008 年我国南方地区出现的冰雪灾害就是由拉尼娜现象造成。

十四、小麦生产的周期性和季节性对价格有哪些影响？

农业生产具有周期性，小麦从播种到收获要有长达8个月的周期。这种相对固定的周期，制约了生产规模的伸缩性。

从长期来看，粮食生产具有小周期和大周期的变化规律。以往粮食生产小周期一般为4～5年，大体表现为两欠一平二丰收。1995年后，经过连续几年的粮食丰收，供给相对过剩，库存增加，但这只是把周期拉长，另外，我国粮食生产还存在大周期，建国以来粮食生产经历了短缺—紧张平衡—平衡有余几个阶段。投资者可以根据市场信号即周期变化规律分析判断价格走势。

小麦期货价格走势有很强的规律性，一般来说，小麦的长期走势（3～5年）由宏观经济形势及粮食总供求关系决定；中期走势（1～2年）主要受年度产量预期、库存量变化以及相关农业政策、进出口政策的影响；短期走势（3～5个月）受季节性波动周期的影响比较大。

小麦价格表现出明显的季节性波动规律。一般来说，每年冬麦上市后的7月份为小麦的供应旺季，价格最低。从9月份开始，小麦消费进入旺季，现货价格稳步上升，春节左右，小麦消费进入高峰期，小麦价格也抵至年内高点。春节过后价格逐步回落，在四五月份青黄不接时，价格会略有反弹，随后一直回落到六七月份的低价区，如此循环往复。当然，受其他因素影响，这一规律也会有所变化，比如近年最低收购价小麦收购与拍卖等政府调控活动等，对小麦价格走势有较大影响。

十五、还有哪些方面会对小麦期货价格产生影响？

1. 交通运输因素。加拿大、美国和澳大利亚小麦现货价格都是由期货价格和基差形成。所以对于进口小麦来说，进口合同一旦签订，船期和运费是影响到岸价格的不确定因素。2003年以来，海运费波动很大，是进口小麦价格变化的主要影响因素。2007年以来，国际海运费不断创下历史新高，对小麦价格走高起了推波助澜的作用。

我国由于运力有限，交通运输在一定时期对国内小麦流通形成一定程度的制约，从而对小麦价格产生相应影响，运费在粮食价格构成中占据了相当比例。

2. 市场投机因素和心理因素在一定期间也会对期货价格产生较大的影响。期货市场是一个资本市场，随着市场的发展，表现出越来越强的金融属性。进入2007年以来，资本流动性及市场投机因素对强麦价格的影响愈来愈不可忽视。如美国的次贷危机不仅影响股票市场，而且对商品期货市场也有很大影响。

3. 其他因素。相关产品替代（如小麦与玉米使用上的替代）、小麦其他用途的拓展、消费者的购买力、消费者偏好、人口变动会影响小麦的需求；种植习惯、生产投入、技术推广等也会影响小麦供给。整体宏观经济形势、通货膨胀、其他商品价格的变化（包括股票、黄金等的变化）、突发事件等，都会对小麦价格的走势产生一定的影响。

自 测 题

一、填空题

1. ________是决定小麦价格的根本因素。总的来说，小麦主要用于食用，其需求总量基本稳定，需求因素对小麦价格的影响是缓慢的；供给的变化会引起小麦价格快速变动。

2. 仓单可分为________和________，当现货商把符合交割标准的货物交到交易所的交割仓库，交割库检验合格后，给货物持有人开具标准仓单，货物持有人可以拿着标准仓单到交易所的交割部办理注册手续，经过注册的仓单才可以进行交割。

3. 冬小麦生长周期主要包括________、________、________、________、________几个部分。

4. 农业生产具有周期性，小麦从播种到收获要有长达________的周期。这种相对固定的周期，制约了生产规模的伸缩性。

5. 国家托市最低收购价小麦的________和________，已成为市场价格公认的“风向标”，这种标杆作用基本主导着小麦市场的走势。

二、多项选择题

1. 国内消费量并不是一个固定不变的常数，而是受多种因素的影响而变化，这些因素主要有(　　)。

A. 消费者购买力的变化　　B. 人口增长及结构的变化

C. 政府收入　　D. 就业政策

2. 宏观经济对期货市场价格变化起到决定性作用的是(　　)。

A. 投资者的信心　　B. 商品的供求关系

C. 国家调控政策　　D. 现货价格

三、判断题

1. 粮食国际贸易对我国来说，其根本任务应该是保证粮食安全。(　　)

2. 从近几年的市场运行状况来看，我国小麦市场“政策市”特征相对明显，国家政策对于小麦市场具有无可置疑的话语权。(　　)

3. 郑商所强麦期货标的为符合规定的优质强筋小麦，这些强麦内在品质好，但与进口麦品质差距较大，不能替代进口，因此与国际小麦价格没有联动性。(　　)

4. 一般情况下，仓单数量较大时，期货价格承压越重；反之，压力越轻。(　　)

5. 粮食的出口变化对粮食现货价格产生了直接影响，相比之下进口因素对粮食现货价格的影响十分有限。(　　)

6. 小麦问题关系国计民生，但是可以自动调节，所以政府不需要经常对小麦出台宏观调控政策。(　　)

7. 干旱、病虫害等对小麦生长有严重影响的事件发生，也会对小麦价格产生影响。(　　)

参考答案

一、填空题

1. 供求因素　　2. 注册仓单　非（未）注册仓单
3. 播种—出苗　分蘖—越冬　返青—拔节　抽穗—扬花　灌浆—乳熟
4. 8 个月　　5. 收购价格　拍卖价格

二、多项选择题

1. ABCD　　2. ABC

三、判断题

1. 对　2. 对　3. 错　4. 对
5. 对　6. 错　7. 对

第五章 如何利用小麦期货发现价格

【本章要点】

期货市场的功能之一是价格发现。期货市场的参与者众多、信息传递及时充分，有助于实现市场对于商品的合理定价。针对小麦期货而言，价格发现功能充分发挥，供应方和需求方均可加以有效利用，实现自身锁定收益和成本的目标。本章采取基本理论与案例相结合的方式，抛砖引玉，为投资者利用小麦期货价格发现功能提供参考。

一、什么是期货的价格发现功能？

期货价格发现从本质上讲是对标的商品未来特定时点供求关系的发现。也就是说，如果发现未来将供大于求，价格就会下跌；如果发现未来供小于求，价格就会上涨。真正的市场价格的形成需要一系列条件，如供求的集中、充分的流动性、市场的秩序化、公平竞争等，以使信息集中、市场透明，价格能真实反映供求，从而通过竞争形成公正的市场价格。期货市场能满足这些条件。期货市场集中了大量的来自四面八方不同目的的买者和卖者，带来了大量的供求信息，大量市场信息在场内聚集、产生、反馈、扩散，这就使在大量高质量的信息流基础上形成的衍生产品交易价格能客观地、充分地反映供求关系的变化；同时期货市场还提供了严格的规则、法律保障，如禁止垄断操纵市场、平等竞争、竞价制等，使形成的价格能真实地反映供求双方的意向和预测。期货价格可以反映市场参与者对未来的价格预期。

期货价格是能真正反映世界范围各方面有关信息的价格，所以期货价格也是国内和国际金融、金属、能源、农产品市场中应用最广泛的参考价格。芝加哥期货交易所中小麦、玉米、大豆品种价格的波动，具有绝对的权威性。芝加哥期货交易所是美国谷物的集散中心，因此芝加哥小麦、玉米、大豆价格的波动就直接代表世界小麦、玉米、大豆的价格趋向。英国伦敦金属交易所，每日成交量看上去并不算太高，但它以其先进的交易方式，一流的设施装备、管理和服务对国际有色金属期货市场产生着重大的影响。这里的期货交易行情基本上代表了全球有色金属的供求趋势，因而成为全球市场的指导价格。

诺贝尔经济学奖项获得者默顿·米勒说，“期货市场的魅力在于让你真正了解价格”。如果没有价格发现功能，那么期货价格和现货价格之间缺乏紧密的联系，则套期保值者就不可能用一个市场上的利润来弥补另一个市场上的损失，那么套期保值、规避价格风险的功能就无法实现。

二、期货发现价格功能存在偏差吗?

对现货来说，其实期货的价格发现功能存在着一定的滞后反映特性和偏差性。所谓滞后反映特性，是指期货的价格走势一般而言先于现货，并且引导现货的涨跌；所谓偏差性，是指期货市场反映的预期市场供需和现货市场反映的真实供需会存在一定程度的差异，最终会通过市场价格波动来形成自我校正。

三、期货市场对农民有哪些帮助?

1. 我国农产品期货市场经过十几年的磨砺，市场运行日渐规范，市场功能得到较充分的发挥，为农民和粮食企业提供了市场化的避险工具。随着我国粮食购销市场的全面放开，政府对农业政策保护方式进行重大调整，我国农业市场化进程不断加快，广大农民必须面对一个现实——走向市场。在这种市场环境下，期货市场对于农业生产和农民增收具有重要的促进作用和指导意义。

我国期货对农民来说最大的作用是让农民可以知道农产品真正的价格。过去在现货市场上，农民只知道在一个村子里别人来收购的价格，却不了解全国粮食供求情况和价格，所以卖粮的利润往往是农民拿小头，流通环节拿大头，农民增产不增收。期货市场则聚集了大量的信息，公开而且透明，在一定的规则制约下，生成的价格也比较合理。现在农民只要一上网，就能知道全国大豆、小麦的价格，明白自己的粮食实实在在值多少钱。他可以以此为据和别人讨价还价，或者选择一个合适的时机卖掉农产业，从而实现利润的最大化。

农产品期货确实是一个比较专业的领域，不过近年来，随着我国市场经济的发展、加上媒体的宣传及几个交易所开展的一系列活动，人们对于农产品期货的认知越来越多。推广得比较好的省市主要是我国的东北地区和河南省，有两个交易所在那，确实有“近水楼台”之利，此外江浙地区也发展得很好，那里市场经济比较发达，人们对新事物的接受度也很高。

我们不妨通过一个真实的案例看一看期货对一个普通农民的作用。

【案例5—1】

“我姓刘，大家都管我叫老刘，来自中原地区，是种小麦的。大家都知道，种粮的农民最关心的就是粮食的价格。2003～2004年，小麦现货价格出现了较大幅度的上涨，这引起了我的兴趣，我想知道粮食的价格究竟是怎样形成的，所以就到期货公司开了一个账户，开始研究农产品期货。以前卖东西心里真的没有谱，怕这个价格卖了以后又涨，就亏了，又担心再不卖，跌了怎么办，只能自己估摸着‘瞎卖’。2003年，我在客运车上听到一群人谈论粮食价格，那时候小麦价格大概是0.6元/斤，他们不知道应不应该把小麦售出，于是我就把电话留给他们，让他们先别卖，等我消息。过了一段时间，价格涨到0.65元/斤左右，他们打电话来问能不能卖，我分析了一下期货图形，咨询了一下期货公司的分析师，觉得价格还是有上涨的潜力的。后来，价格涨到了0.8元/斤左右，我觉得价格差不多就建议朋友卖掉，这样，就比预期多买了好几千块。期货确实给我们提供了一个很好的晴雨表。”

从老刘接触农产品期货的初衷，我们可以了解到期货市场有一个很重要的功能就是能帮助农业生产者了解农产品的价格信息。1995～2009年小麦现货价格走势见图5－1。

图5－1 1995年以来小麦现货价格走势图

2. 除了利用期货市场价格判断买入或者卖出粮食的时机以外，期货还有指导农民调整种植结构的作用。“今年要多种些什么少种些什么”始终是困扰农民的大事。利用期货市场的远期合约价格，农民可以在种地之前测算种什么品种更赚钱，只有种植适销对路的品种，才能获得更高的收益。期货给了农民一个远期的价格参考体系，让农民能够以更科学的方式进行收益测算。

四、现在所推广的订单农业不是农民朋友的首选，甚至有的农民朋友根本就不考虑订单农业，为什么呢？

一般而言，订单农业的风险成因可以从以下5个方面考虑：

1. 当前，无论是农户、企业、中介组织，还是地方政府，作为农业订单的签订主体，都存在信誉意识不强的问题。

2. 订单的形式、内容和签订程序不规范。

3. 订单农业的成功，是有条件的。一旦超出其适用范围，极易发生农业订单的兑现风险。

4. 在龙头企业与为数众多的小规模农户之间，往往存在着较严重的信息不对称性。

5. 目前，我国发展订单农业还存在着管理体系不健全、运行环境不完善的问题。

于是，有的组织便提出了“订单＋期货”的经营模式，通过试行得出，此种方法既可以保证订单合同的履行，也可以保障农民的切身利益。

【案例5—2】

以河南省的延津县为例，其“订单＋期货”的经营模式已经取得了多赢的成果。一方面，它使农民生产的小麦适应了市场的需要，卖出了好价钱，农民收入不仅有了可靠的保障，而且还实实在在地增加。另一方面，小麦龙头企业在与分散的农民签订小麦种植订单的同时，通过小麦期货市场开展套期保值，规避了经营风险，确保了订单的履约。近两年，延津县小麦订单履约率均达到100%，而在其他小麦主产县，没有通过期市套保的小麦订单，履约率则只有20%左右。“订单＋期货”模式的实行，有力地促进了当地订单小麦的推广。这样，我们便知道了期货在实际的农村产业中的地位。

再来看另外一个案例。

【案例5—3】

位于江苏省洪泽县的白马湖镇土地肥沃、灌溉便利，是传统小麦种植区，但因缺乏信息和引导，农民种植小麦收入偏低，积极性不高。2004年，江苏省粮食集团收购了白马湖一家小麦加工企业后，开始尝试“公司＋农户”、“订单＋期货”的小麦生产、经营新模式。

江苏省粮食集团收购的粮食企业，位于洪泽县岔河镇。岔河镇一些农民当时在种植一个优质小麦品种“9023”，但以前当地没有人发现它的价值，结果农民收获的优质小麦都按照普通小麦的价格出售了。

经过检验，公司发现“9023”小麦品质优良，便考虑将这种小麦通过最能体现“优质优价”的期货市场进行销售。第一年他们交割了4000吨，虽然数量并不大，但他们马上从中得到了一个强烈的信号——能不能鼓励全镇农民都种植这个品种，扩大收益？

经过协商，公司与岔河镇政府签订了协议：镇政府组织全镇农民种植“9203”小麦，公司则承诺按照市场价格加价40～50元/吨全部收购。协议签订后，镇政府迅速推广了“9023”品种，公司也履行承诺在收获季节按照协议高价收购，并通过期货交割和其他流通渠道销售。白马湖农民表示，他们在秋季播种前，要先到收购企业问清第二年收购什么品种，然后回去再种什么。“‘公司+农户’、‘订单+期货’模式使农民吃了一颗定心丸，农民不仅扩大了种植面积，也舍得增加投入了。据介绍，目前白马湖农民普遍种植的是9023号优质强筋小麦品种，仅此一项，农民每亩地就增收20元左右。2005年以来，岔河镇成为了江苏省小麦收购价最高的地方，还带动周边的乡镇种植优质小麦品种并参与“订单农业”。在这一过程中，企业敢于采取比市场价高出40～50元/吨的浮动订单价格，是由于企业能够通过期货市场进行远期价格发现并转移价格不利变动的风险。订单价格采取浮动价，恰恰是这种定价方式增强了粮食企业和种粮农民的合作关系。

五、企业如何利用期货市场的价格发现功能？

企业会定期跟踪期货价格走势，通过分析期货市场反映出来的信息为集团的现货经营提供决策依据。期货市场是一个信息通道，投资者会深度地挖掘影响价格波动的题材，因此通过期货市场“各种因素会反映的更早一点，比现货面接收到的信息会更快一步”，从而对企业经营起到参考性的作用。

企业可以通过郑州小麦价格情况，对未来行情作出判断，以利于企业进行中长期布局，进行战略性经营，而不是一边买一边卖，充当搬运工，博得有效的劳务费，企业经营如果无法做成规模经营，则更不要谈企业积累与发展。

自小麦期货上市以来，小麦期货价格始终围绕着现货价格上下反复，没有出现大的背离，经测算，其期现价格的相关系数较高，说明郑州商品交易所的小麦期货交易较好地反映了国内小麦供求关系的变化。同时，郑州小麦与芝加哥期货交易所的小麦期货价格走势也较为吻合。小麦期货价格的预期指导作用已越来越得到广大现货商的重视，许多现货商在从事小麦贸易时总要事先了解一下期货的变化趋势和价格水平，将其作为自己定价的重要参考依据。

小麦期货价格提供了权威的价格信号，使企业经营有了航向标。

【案例 5—4】

1999 年河南睢县粮食局在得到郑州商品交易所小麦期货价格进一步走低的信息后，及时将库存的小麦以当时的市场价格售出，随后期现货市场价格均大幅度下降，这样他们就成功避免了一次大的经营风险。虽然他们没有参与期货交易，但是却在自觉利用期货价格的预期指导作用安排自己的经营活动。

【案例 5—5】

2003 年 5 月，小麦期货价格率先开始上涨，这比 10 月份才开始上涨的现货价格提前了整整 5 个月，显然，期货交易准确发现了现货价格的未来走势。粮食企业利用期货价格作指导，也取得了很好的经济效益。在 2003 年粮食恢复性上涨的过程中，周边县（市）以每吨 1200 元左右的价格大量销售小麦，而延津县粮食部门根据小麦期货价格不断上涨的趋势，作出了 1450 元/吨以下不销售小麦的决定。从 10 月开始，小麦现货价格出现大幅度上涨，该县粮食企业开始分期分批销售小麦，最高价格曾达 1700 元/吨左右。

【案例 5—6】

中粮粮油有限公司将小麦期货价格的变化作为判断市场处于阶段性熊市还是牛市的重要依据，对小麦经营进行调整。看到小麦期货市场处于牛市时，他们在原计划买入数量的基础上加大现货买入，同时在期货上的买期保值也相应增加；处于熊市时，他们会在原计划数量基础上减少现货买入量，在期货市场的买期保值相应减少。在这一过程中，如果价格出现波动，他们会灵活操作，比如熊市时，他们先购买原计划中的一部分小麦，如果价格进一步下跌，他们就会再购入一部分，进一步降低成本，同时与其相应的期货保值头寸相应进行调整。

【案例5—7】

河北省粮食产业集团期货部负责人赵现军介绍说，集团利用期货市场的两大功能为企业服务：一是跟踪期货价格走势，通过分析期市反映出的信息为集团的现货经营提供决策依据；二是进行套期保值操作，规避现货价格风险。河北粮食产业集团于2009年春节前以1.90元/千克的价格买入优质小麦10000吨，拟节后卖出。但春节过后，优质小麦现货市场受国际金融危机影响一直需求不振。害怕价格继续下跌，公司在2月份以均价2000元/吨的价格在强麦905合约上卖出1000张，对手中现货进行卖期保值。4月初，期货价格下跌至1920元/吨，公司买入平仓，期货盈利80元/吨。5月份，公司将现货以1.98元/千元的价格卖出，扣除资金利息及各种费用后，现货盈利约20元/吨。此次套期保值使公司盈利约100万元。期货为河北粮食产业集团带来了不少直接和间接的效益，已成为集团经营不可或缺的有力工具。

自 测 题

一、填空题

1. 利用期货市场的远期合约价格，农民可以在种地之前测算种什么品种更赚钱，只有种植适销对路的品种，才能获得更高的收益。期货给了农民一个远期的__________，让农民能够以更科学的方式进行收益测算。

2. 期货市场是一个信息通道，期市投资者会深度地挖掘影响价格波动的题材，因此通过期货市场“各种因素会反映的更早一点，比现货面接收到的信息会更快一步”，从而对企业经营起到__________的作用。

3. 小麦期货价格提供了权威的__________，使企业经营有了航向标。

二、多项选择题

1. 真正的市场价格的形成需要一系列条件，如__________等，以使信息集中、市场透明，价格能真实反映供求，从而通过竞争形成公正的市场价格。

A. 供求的集中　　　　B. 充分的流动性

C. 市场的秩序化　　　　　　　　　D. 公平竞争

2. 期货市场集中了大量的来自四面八方不同目的的买者和卖者，带来了大量的供求信息，大量市场信息在场内________，这就使在大量高质量的信息流基础上形成的衍生产品交易价格能客观地、充分地反映供求关系的变化。

A. 聚集　　　　　　　　　　　　B. 产生

C. 反馈　　　　　　　　　　　　D. 扩散

三、判断题

1.“订单+期货”的经营模式，此种方法既可以保证订单合同的履行，也可以保障农民的切身利益。（　　）

2. 如果期货没有价格发现功能，那么期货价格和现货价格之间缺乏紧密的联系，则套期保值者就不可能用一个市场上的利润来弥补另一个市场上的损失，那么套期保值、规避价格风险的功能就无法实现。（　　）

3. 自小麦期货上市以来，小麦期货价格始终围绕着现货价格上下反复，没有出现大的背离，所以说明郑商所的小麦期货交易不能反映了国内小麦供求关系的变化。（　　）

4. 对现货来说，其实期货的价格发现功能存在着一定的滞后反映特性和偏差性，但是最终无法自我校正。（　　）

参考答案

一、填空题

1. 价格参考体系　　2. 参考性　　3. 价格信号

二、多项选择题

1. ABCD　　　　2. ABCD

三、判断题

1. 对　　　　2. 对　　　　3. 错　　　　4. 错

第六章 涉麦企业如何参与小麦期货

【本章要点】

期货市场应当充分发挥套期保值的积极作用，服务相关产业。本章简要介绍涉麦企业如何利用期货市场进行套期保值，针对企业在套期保值过程中存在的种种困惑、认识上的误区，结合套期保值的具体流程，列举和分析诸多具体案例，帮助企业提高套期保值综合技能。

一、涉麦企业为什么要参与期货?

为什么涉麦企业要在做好现货经营的同时参与期货？我们不妨看一个真实的案例：

【案例6—1】

1998年5月，受国家粮改政策和洪涝灾害影响，普通三等小麦价格由1100元/吨涨至当年年底的1450元/吨，郑州期货市场小麦9903合约期价也由1214元/吨涨至1596元/吨，当年秋季全国普遍增加冬小麦播种面积，造成1999年夏粮大丰收，普通小麦现货价最低跌至900元/吨左右。1999年底，农民又普遍减少冬小麦种植面积，加上春季大旱，造成当年夏粮减产9.3%。2000年9月份，郑州期货市场新国标二等硬冬白麦2001年1月合约受其影响涨至1500元/吨以上，109、111合约价位最高在1600元/吨以上。1999年秋播，全国普遍增加优质硬冬白麦播种面积，减少普通小麦播种面积，而当时郑州市场109、111小麦期货合约也已大幅回落至1400元/吨以下。从上面的例子中我们可以看出，粮食企业和地方政府如果能够引导农民充分利用期货市场，就可以避免一些不必要的损失，并且可以利用期货市场的发现价格功能，指导粮食生产。所以说，利用期货市场，即可保证粮食收储企业顺价销售，预期利润的实现，又有利于优化种植结构，增加农民收入，提高社会效益。这也正体现了粮食价格、种植面积与农民收入之间的关系。

二、企业参与套期保值的常见误区有哪些?

套期保值能够规避市场风险，稳定生产和经营，锁定利润，但是由于期货市场是一个专业性非常强的市场，套期保值从原理上来看虽然比较简单，但由于市场本身的复杂性、基差变化的不确定性、操作人员的技术水平和市场认知差异等一系列因素的影响，国内企业开展保值交易的最终结果也大相径庭。事实上，企业在从事套期保值时，存在着一些认识上的误区，这些误区影响了套期保值的效果，或直接导致了套期保值的失败。

误区一：期货市场上亏损等于套期保值失败。

一些企业把套期保值的成败归于期货市场盈利与否。当期货市场有了盈利，企业就认为套期保值成功了；而出现亏损时，往往觉得套期保值失败，认为如果不套期保值的话，企业本可以有更多的盈利，套期保值减少了企业的利润。

企业进入期货市场开展套期保值，目的是回避市场价格波动的风险，锁住生产成本和产品利润，用一个市场的盈利来对冲另一个市场的风险，以实现效益的平稳增长。当市场走势符合企业预期方向的时候，套期保值方案的成功会以期货头寸盈利弥补现货头寸亏损的结构出现，但是当市场走势发生与预期方向相反的变化时，期货头寸发生亏损是正常的，只要其头寸总量不超过计划规模，那么期货头寸亏损实际上可以通过现货交易的节省或者增收来冲抵。最典型的例子如2008年席卷全球的金融危机爆发后，国际市场大宗商品价格暴跌50% ~70%，一些正常买入套保的企业的期货账户均发生了大幅度的亏损。但是这些亏损可以被企业现货采购成本的下降而冲抵，企业生产成本实际上没有太大的变化。所以，不要以为期货交易的亏损就是套期保值的失败。评价套期保值成功与否不能简单地看一个市场的盈亏，应当把期货和现货两市场结合起来分析。

误区二：套期保值可以对冲所有的风险。

企业在期货市场上做了相应的套期保值并不等于消除了风险，而只是降低了风险。套期保值的原理是利用期货现货两个市场盈亏相抵对冲风险，然而由于基差等因素的存在，不可能有完全理想的套期保值方案，企业只能利用经验和专业来取得相对理想的套期保值效果。在某些特殊情况下，市场会出现对套期保值不利的异常情况，导致套期保值基差持续大幅度扩大或缩小，使套期保值组合出现越来越大的亏损，如果不及时止损，将对套期保值者造成巨大的亏损。

误区三：只有与合约相对应的品种才能进行套期保值。

没有相应的商品期货合约无法进行套期保值是很多企业没有参与期货市场套期保值的理由。这实际上是没有正确理解商品种类相同原则。期货商品具有特殊性，并不是所有的商品都能成为期货商品，这时我们可以采用“交叉套期保值交易”。所谓交叉套期保值，是指当套期保值者为其在现货市场上将要买进或卖出的现货商品进行套期保值，却没有相应的该种商品期货合约可用时，可以选择与该种现货商品价格走势趋同的相关商品的期货合约进行套期保值。因为这些商品在价格上相互影响且走势大致相同，价格关联性很好，所以交叉套期保值同样可以取得良好的规避风险效果。例如，市场上并没有航油期货这一套期保值工具，航空公司可以通过燃料油和原油进行套期保值。

误区四：在期货市场上建立头寸即是套期保值。

所谓套期保值，是指为了避免现货市场上的价格风险而在期货市场上采取与现货市场上方向相反的买卖行为，即对同一种商品在现货市场上卖出，同时在期货市场上买进；或者相反。现货企业可以根据生产计划、采购数量、库存状况、产品销售计划，以及企业成本核算，对企业不可承担的价格风险进行套期保值，并以现货为基础确定套期保值头寸的大小、套期保值期限的长短、套期保值合约的选择等，而不是仅仅在期货市场上对相关的商品合约建立头寸。不符合套期保值原则建立的期货头寸仅仅是投机，不仅不能够消除价格风险，还会加大企业风险。如某锌需求企业认为锌价将下跌，于是在期货市场卖出锌合约，然而锌价不降反升，企业在期货市场出现损失，而在现货市场由于锌价也随之上涨，企业原材料采购成本上涨，企业在期货市场和现货市场出现了双重的亏损。

误区五：相机选择进行套期保值。

有企业说，“我们有时根本不做套期保值，而有时却通过套期保值对冲我们所有头寸的风险，我们是相机而动进行套期保值”。这一做法将投机与风险控制方法混为一谈，并不是一个有效的风险管理策略——纵然是最优秀的交易员也可能看错市场方向。套期保值操作不能朝三暮四，它应该贯穿于企业管理过程的一朝一夕。举例来说，2004 年初，许多航空公司认为燃油价格已经过高即将下跌，不需要进行套期保值，或者降低套期保值比例。随后油价持续上涨，套期保值头寸已很难建立，或者头寸价格已经偏高，各航空公司出现重大亏损，有些公司甚至进入破产程序。

误区六：在套期保值的基础上进行投机。

这是参与期货市场目的不明确的表现。投机交易的本质是通过承担风险来获取收益，这使企业在承担经营风险的同时还要承担投机风险，从而给企业的正常经营带来巨大的风险隐患。企业参与套期保值主要是为了规避风险，一般来说，成本水平和利润水平决定企业的套期保值方案，而成本水平和利润水平又是变动的，要求参与者及时评估。买入保值就看参与者的原材料买入价是否低于市场平均价，卖出保值就看参与者的商品卖出价是否高于市场平均价，以此为标准参与期货市场就可在行业中有竞争优势。但在实际中，一些参与企业不是根据企业的生产、销售计划决定是否需要保值，而是仅仅关注在期货市场的盈亏，从而将套期保值转为投机。

误区七：担心套期保值的成本加大企业负担。

或许有投资者说，“套保的成本太高了，人工成本和系统成本都是一笔不小的开支。我们还是把所有的精力都集中在我们的主业上吧”。不错，企业在进入期货市场进行套期保值时，会有一些固定的费用，主要是交易手续费和交割费，但这与企业的套保量及收益相比是很少的费用，应该正确对待，不要因小失大。要知道，套保不但规避了价格风险，还提高了企业资金的使用效率。

因此，现货企业应树立正确的价格风险管理理念，走出对套期保值理解的误区，积极学习和利用期货套期保值工具来应对价格变动，让套期保值为企业的发展保驾护航。

三、如何正确理解套期保值？

由于近几年对于期货功能的宣传力度加大，企业对于期货术语——“套期保值”或许并不陌生。通俗的讲，套期保值的功效主要在于熨平企业利润曲线（见图 6－1）。

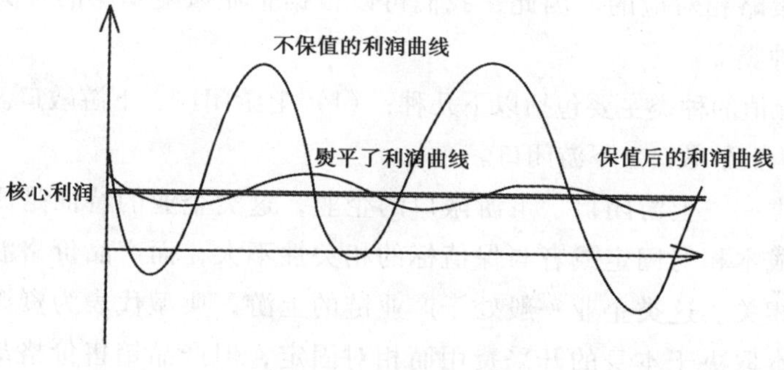

图 6－1　套期保值对企业盈利能力稳定性的影响效果图

企业针对采购计划所采取的保值措施，通常是采取买入套期保值，也就是通过期货市场买入期货合约，以防止因未来现货价格上涨而使得企业的未来进货价格成本提高。这样，一旦未来现货价格如期上涨，则企业在期货市场按新的价格采取反向平仓的办法，获取正价差，用于弥补现货采购涨价因素；相反，如果现货价格没有上涨反而低于当初建仓的价格，意味着期货头寸将出现亏损。但是，此时企业按照降低的现货价格进货，进货成本低于当初计划价格的部分，同样弥补了期货的亏损，使得企业采购成本仍然保持计划的水平。卖出套期保值也是一样的道理。

期货市场套期保值的最基本意义在于，通过保值操作，使得企业克服外部环境变化的不利影响或外部不确定风险，确保企业生产经营活动按照计划完成，确保企业成本稳定、财务稳定、市场稳定、利润稳定。也就是说，套期保值不是帮助企业实现超额利润的工具，它的最大作用是帮助企业实现稳健经营和稳健发展，熨平企业利润曲线。

四、企业一般会涉及哪些风险敞口，如何辨别？

对于企业而言，风险是无处不在的，商业目标、商业竞争策略、技术背景、人力资源、商业竞争技术、经营环境、行业成长性等，都会成为整个企业在经营中的不确定性根源。企业进行管理风险，首先需要关注确定哪里是风险点所在。企业有哪些风险？又有哪些是我们可以保护的风险？识别这些风险的目的是为了找出对应的策略和工具进行风险对冲，每一种风险其实都是与对冲策略相对应的。因此，我们可以根据企业风险暴露的种类来确定企业保值的种类。

企业保值的种类主要包括以下几种：（1）上游闭口、下游敞口。（2）双向敞口。（3）上游敞口、下游闭口。

第一类——上游闭口、下游敞口的企业，这类企业的特征是原材料价格或者产品成本相对固定或者与保值标的相关性不大，而产品价格波动与保值标的高度相关。这类企业一般处于产业链的上游，典型代表为资源开采类企业，其成本取决于本身的开采费用而相对固定，但产品销售价格却随着保值标的物的波动而波动。

第二类——双向敞口的企业，这类企业的特点是原材料价格或者产品成本与产品价格都随着保值标的物的波动而波动。这类企业一般处于产业链的中游，比如一些加工企业，贸易企业，其采购价格与销售价格都与保值标的物高度相关。

第三类——上游敞口、下游闭口的企业，与前两类企业相对应的是，这类企业的特点是原材料价格或者产品成本相对固定或者与保值标的物高度相关，而产品价格波动与保值标的的相关性不大。这类企业一般处于产业链的下游，比如一些终端消费企业。

当然，我们在现实中不能简单地把企业定义为哪一种类型，可能他们某些业务具备第一种类型的特征，某些业务具备第二种或者第三种类型的特征，这时我们就需要对企业不同类型的业务区分开来，按照其不同的特征制定对应的保值策略。

企业在考虑进行套期保值时，应遵循以下几个原则：应充分认识到套期保值的重要性；企业进行套期保值的品种只能是与自身生产经营密切相关的品种；企业进行套期保值时，期货交易总量应与其同期现货交易总量相适应；企业应选择有一定价格风险的商品进行套期保值。如果市场价格较为稳定，那就不需要进行套期保值，因为套期保值交易需支付一定的费用；企业在进行套期保值时，应考虑成本及预期利润水平；对于套期保值头寸可灵活运用交割式操作或平仓式操作两种手法；在进行套期保值的过程中应充分了解行情，并对价格走势进行预测，以利于企业更好地完成套期保值工作，而不应过于简单机械地操作。

五、我国基本的小麦产业链结构是什么样的？

我国小麦基本的产业链结构如图 6－2 所示。农业产业链的源头在于最初的农产品，终端是食品消费，流通是农业产业链的中间环节。

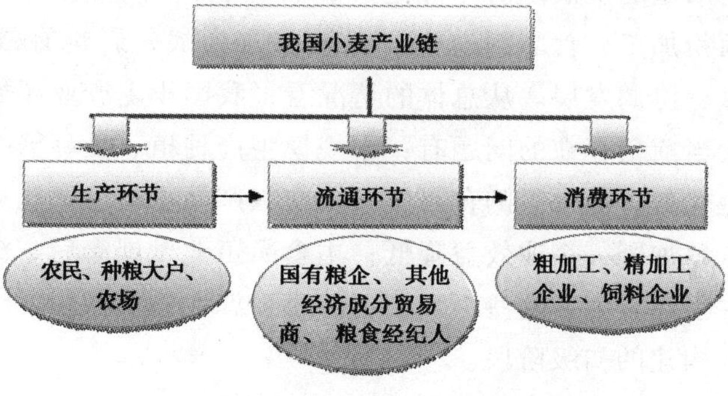

图 6－2 我国小麦产业链图

小麦产业涉及小麦种植、流通、粗加工（以制粉为主）、精加工（以食品行业为主）等各个环节，其主要目标是满足人民的食物需求，是一个复杂的系统工程。小麦产业作为一个系统工程，其目标是满足食物的市场需求，尤其是国民对中国面制主食的市场需求，其前段各个环节是为面制主食生产提供原料，不同的小麦品种可以视为系统的各个单元，在各单元存在缺陷的情况下，可以通过单元整合过程的优化更经济地实现系统目标，也就是满足国民对面制主食的需求。

小麦产业链包括小麦通过面粉转化为食品这一主体链和转化为各种衍生产品的各条支链，是一个多元化的产业链系统。其中，小麦通过面粉转化为食品这一主链条占小麦消费总量的70%以上，在小麦产业链中起着决定性的作用。这一方面可以为小麦种植提供市场方向，拉动小麦种植的发展，另一方面可以向食品工业输出稳定充足的原料。在这个主链条中，各个环节是相辅相成的关系。面制主食工业的发展意味着面粉市场的扩大，可以拉动制粉行业的发展；制粉行业的发展又为小麦生产创造市场。反之，小麦生产的滞后会抑制面粉生产，面粉生产水平，又会限制主食工业的形成。其中，深、精加工主要包括：面粉及副产品、小麦淀粉及谷朊粉等。

我国是一个小麦生产及消费大国，以面粉加工为中间环节的“小麦——面粉——面制食品”产业链，涉及国民经济的一、二、三产业，直接影响着我国农业及食品工业的健康发展。然而，目前我国小麦产业链存在诸多问题，需求关系倒置，小麦、面粉、面制食品板块仍维持传统的自然供给型，与市场需求型的发展趋势不相适应；管理、科研、生产体系条块分割，小麦生产、面粉加工、食品制造企业长期各自为战，影响有效实现资源共享、市场共赢、协调发展。从总体的情况看，我国小麦产业还处于产业结构调整的过程，当前仍存在的问题有：小规模生产种植、品种繁杂；面粉加工能力依赖产地优势，低水平的盲目建设，初级产品占据主要比重；专用粉品种少，市场竞争加剧，企业效益降低；主食品工业发展滞后，深加工转化能力较弱，自主创新乏力。这些因素制约着小麦产业做大做强，致使小麦产业链至今仍处于构建的初级阶段。

从小麦产业链各参与者的关注点（见图6－3）可以看出，成本无疑是把握整个价值链最为重要的因素，低成本策略也就成为现代粮油行业首选的竞争策略。要想系统性地降低成本，必须对业务模式进行纵向一体化的整合，业务内容涵盖从种植到终端销售的所有环节，这样才能贯彻低成本策略，充分培育和发挥规模优势（邦基模式）。成本控制和规模产生利润。

现代小麦行业低成本的竞争策略和纵向一体化的业务模式发展趋势，促使国内粮油产业，想扩大经营规模，实现长期稳步发展，就必须擅于进行期货套期保值，小麦产业链企业同样如此。

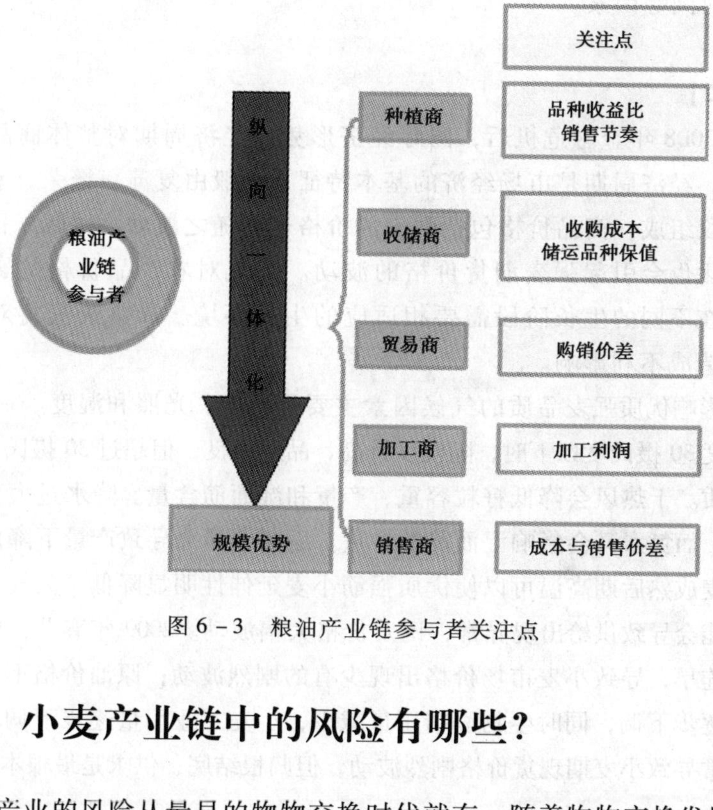

图 6-3 粮油产业链参与者关注点

六、小麦产业链中的风险有哪些？

粮油产业的风险从最早的物物交换时代就有，随着物物交换发展成区域贸易，进而形成局部的统一市场，直到今天全球性的国际粮油市场成熟，粮油贸易规模不断扩大，贸易方式日趋多样化，粮油行业的风险也由最初单一的天气风险发展到包括天气风险、价格风险、信用风险、政策风险、汇率风险和运价风险等在内的多方位的交叉风险，这些风险贯穿于粮油产业种植、收储、贸易、加工、销售等价值链的所有环节。

商品期货市场价格受多重因素影响，既有商品属性的一面，也有金融属性的一面。影响我国小麦价格因素的主要有整体供求、区域供求、季节供求、进出口因素、替代品因素和政府储备等，其次还有国内外政治和经济形势、国内农业政策、品种间种植收益、气候变化、国际汇率尤其是美元汇率变化、利率变化、原油与运输成本变化、通涨及通缩预期、消费习惯、心里因素等，具体到期货市场，还有技术图形、持仓结构、投机心理、仓单生成难及流通时间等因素。

【案例 6—2】

经历 2008 年金融危机后，国际经济形势及经济周期对整体商品的影响显而易见。经济周期是市场经济的基本特征，一般由复苏、繁荣、衰退和萧条四个阶段组成，商品价格包括强麦的价格也会随之波动；国际、国内经济形势的变化也会引起强麦期货价格的波动。天气对农产品价格的影响非常大，强麦在不同的生长阶段需要相适应的生长环境。异常天气将对强麦产量、质量造成不利影响。

直接影响优质强麦品质的气候因素主要是温度、光照和湿度。一般来说，在日均温度 30 摄氏度以下时，随温度升高，品质改良，但超过 30 摄氏度以后反而影响品质。干热风会降低籽粒容重、产量和湿面筋含量。降水过大会影响氮素的供应，而氮素又会影响湿面筋的含量。后期干旱会导致产量下降但品质会改善。小麦成熟后期高温可以使优质强筋小麦延伸性明显降低。天气及一些突发因素可能会导致供给出现异常，诱发价格大幅波动。2009 年春节，中国黄淮区域冬春连旱，导致小麦市场价格出现少有的剧烈波动；原油价格下调，促使运输成本逐步下调，同时生物酒精用量减少，小麦工业用量逐步下调。虽然因素众多且常导致小麦期现货价格剧烈波动，但归根结底，供求是最根本的。

七、构成现代粮油企业商业模式的必备要素是什么？

我们给出的答案是：套期保值。

期货市场上同种商品的期货价格与现货价格从长期来看走势方向一致，现货市场与期货市场价格随着期货合约到期日的临近，两者呈现趋合的走势，套期保值是用较小的基差风险替代较大的现货价格波动风险。套期保值就是利用这些特性，在期货市场买进或卖出与现货数量相等但交易方向相反的商品期货合约，以期在未来某一时间通过卖出或买进期货合约而补偿因现货市场价格不利变动所带来的实际损失。也就是说，套期保值是以规避现货价格风险为目的的期货交易行为。

小麦产业链客户基本上可以笼统地划分为上游——生产者（订单农业）、中游——贸易商、下游——加工商。处于不同阶段的企业，面临相应的经营策略与套保手段。当然，目前国内部分经营企业正在向产业链一条龙经营模式转变，涵盖了整个小麦产业链，所涉及的经营方式与套保策略更为复杂，由于面临的是交叉风险，这就要求粮油企业从多方面进行立体式的套期保值，套期保值也由普通的原料保值和产品保值拓展至运价保值和汇率保值等多方面的内容。

原料套保：针对加工原料进行的套期保值，旨在将原料采购成本控制在可接受的范围内。产品套保：针对加工成品进行的套期保值，旨在锁定加工利润。运价套保：为避免海运费变化带来的风险所进行的套保。汇率套保：粮油产业的国际化使得产业链突破了原有的地域限制，汇率变动也存在给粮油企业带来风险的潜在可能，汇率套保对粮油企业来讲也是必不可少的。

可见，粮油企业的套期保值涉及多方面的内容，这就要求我们参与到多个金融市场当中，不仅限于农产品期货市场，还要综合运用多种金融工具和避险手段，娴熟地利用期货、期权进行风险对冲。

确立了低成本的竞争策略，采用了纵向一体化的业务模式，要想成为现代粮油行业的领导者，做成百年老店，必须构建可持续的商业模式。随着原料采购和物流贸易的全球化，天气、价格、信用、政策、汇率及运价等风险贯穿于种植、收储、贸易、加工、销售等所有环节，要想可持续发展，必须有效地规避上述风险，这是传统的、单一的现货商业模式难以实现的，而现代金融市场和金融工具给粮油企业提供了避险工具。

在市场经济中，粮食企业都面临不同程度的价格波动风险。无论价格向哪个方向变动，都会给一部分企业造成损失。拥有小麦并打算出售的企业面临着现货价格下跌的风险，在持有小麦期间，一旦市场价格下跌，小麦实际售价就很可能远远低于预期售价，使经营利润下降，甚至出现亏损。同样，任何需要购进小麦的企业又可能因价格上升而增加进货成本。现货生产经营企业通过参加小麦期货市场套期保值，可以规避价格风险，锁定成本，实现企业稳定的运行目标，同时，套期保值能够增加生产、加工、经营企业在销售、购买和定价策略中的灵活性，可以提高企业的资金使用效率，节省储备费用、保险费和损耗，增加厂商的借款能力和信誉。由此可见，利用期货市场进行套期保值是粮油企业构建可持续的商业模式必不可少的要素。

涉麦企业可持续的商业模式 = 纵向一体化的现货业务 + 科学的期货套保。

八、小麦流通企业如何利用期货市场规避现货价格波动风险?

贸易商处于产业链的中间环节，需承受上下游对价格波动影响所带来的风险。小麦套期保值对贸易商尤为迫切，虽然国内小麦市场50%以上的贸易量被储备粮垄断，受国家政策影响，但企业想要长期稳定发展，实现持续的利润增长，并在同行中脱颖而出，就需要在期货市场参与套期保值交易。强筋小麦市场由于其市场化程度高，受政策约束小，价格波动频繁，企业更需要参与套保交易。环顾国际市场，国际粮油贸易以基差交易为主，跨国粮商运用基差交易实现风险规避和套期保值需求。

良好的套期保值操作，需要明白基差概念及基差交易的重要性，并建立相应的价差交易模型。基差是某一特定地点某种商品的现货价格与同种商品的某一特定期货合约价格间的价差。基差 = 现货价格 - 期货价格。若不加说明，其中的期货价格应是离现货月份近的期货合约的价格。基差并不完全等同于持仓费，但基差的变化受制于持仓费。归根到底，持仓费反映的是期货价格与现货价格之间基本关系的本质特征，基差是期货价格与现货价格之间实际运行变化的动态指标。基差可以为负值，可以是正值，也可以是零，这主要取决于现货价格和期货价格的高低。虽然期货价格与现货价格的变动方向基本一致，但变动的幅度往往不同，所以基差并不是一成不变的。随着现货价格和期货价格持续不断的变动，基差有时扩大，有时缩小。因现货价格和期货价格有趋同性，基差在期货合约的交割月趋向为零。

基差包含着现货和期货两个市场间的运输成本和持有成本。运输成本反映现货市场与期货市场的空间因素，这也就是在同一时间、两个不同地点基差不同的基本原因。持有成本反映两个市场的时间因素，也就是持有某种商品有一段时间到另一段时间的成本，包括仓储费、利息和保险费等。就同一地区而言，持有成本是时间的函数，离合约交割期越长，持有的成本越大，随交割期临近，持有成本逐步减少，而当非常接近交割日时，持有成本趋近于零，现货价格和期货价格也将非常接近，此时基差仅仅反映运输成本。

基差交易是期货交易中较高层次的交易方式，在国外运用已很广泛。由于期货价格现在已被视为反映现货市场未来供求的权威价格，现货商更愿意运用期货价格加减基差作为远期现货交易的定价依据。特别是在一些大型交易所中，许多会员都有现货经营业务，他们参加期货交易的主要目的就是套期保值，会员之间进行基差交易已有可能。基差交易大都是和套期保值交易结合在一起进行的。目前国内大型粮油企业及参与国内粮油贸易的跨国粮商能够在国内贸易中长期持续发展，与其在国际市场成熟的基差交易经验分不开，虽然国内市场基差交易条件尚不成熟，但运用相应的分析方法参与套保和交易是实现企业稳定盈利所必不可少的。

国际市场由于交易多为近月合约，市场参与者广泛，以现货价格与近月合约价格价差为基础的基差交易较为普遍。我国期货市场由于发展较晚，市场参与度低，近月合约成交萎靡，作为基差参考依据的现货合约价格连续性不足，同时由于强麦仓单注册困难，注册成本较高，仓单程度对期货行情影响较大，国内小麦期货市场定价权威性有待提高，基差交易涉足较少，但是以基差为研究基础的套保参考尤为重要。期现价差分析和相关交易与基差有所相似，目前在国内市场应用较为广泛。

基差包含着期、现货市场之间的运输成本和持有成本。后者又包括储藏费、保险费、利息和损耗费等。运输成本的存在使不同市场的基差并不完全相同，而就同一市场而言，不同时期的基差理论上应充分反映着持有成本，即持有成本的那部分基差是随着时间而变动的，离期货合约到期的时间越长，持有成本就越大，而接近合约的到期日时，现货价格与期货价格几乎相等。我国强麦期、现货市场之间的价差主要由仓储费、利息、运输费用、麻袋差价、交易交割费用、增值税差、投机炒作等因素组成。

基差中部分需参考的固定成本如下：

（1）交易所收取的交易手续费 0.5 元/吨。

（2）包装物及麻袋价格规定。目前交易所规定优质强筋小麦仓单麻袋价格为每张仓单140元。包装物随标准仓单一并结算。麻袋费由买方支付。目前，实际麻袋费用每张仓单600元。

（3）运输成本：收货地点到交割仓库的运输费用，或仓库距买方需求地的运输费用。交割库一般在主产区，省内运输费用一般为30元/吨。

（4）入库费用，省内注册一般按汽车运输核算。

（5）检验费：优质强筋小麦2元/吨。

（6）仓储费：优质强筋小麦为0.3元/吨/天。

（7）交割手续费。买、卖双方各自负担的交割手续费，优质强筋小麦交割手续费10元/张。

（8）增值税。计税价格：交割配对日结算价，而非建仓价。这个价格可能高于建仓价，也可能低于建仓价，即可能多交税，也可能少交税。之所以按配对日结算价计税，是因为最终配对双方的建仓价是不同的，而计税价格必须相等。比如：买价为1500元/吨，交割结算价为1600元/吨，则增值税 =（1600 - 1500）×13%/（1 + 13%）= 11.5（元/吨）。

（9）资金利息：根据银行贷款基准利率为依据核算。

上述费用中，固定费用 = 交易费用 + 交割费用 + 质检费用 + 运输费用 + 入库费用 + 包装物价差 = 0.5 + 2 + 2 + 30 + 10 + 60 - 14 = 90.5（元）。

郑州商品交易强麦期货行情的仓单特性是资金投机的主要诱因。如买期保值部分我们提到，小麦需求方的面粉加工企业资金规模小周转快，这种情况导致我国小麦仓单销售进度缓慢，难以实现大规模仓单消化；而小麦供应方多为国内粮食储备企业或贸易商，资金充裕，多形成大规模仓单注册；强麦质检严格且后熟期问题，导致强麦仓单9月之前生成困难；麻袋包装导致强麦仓单成本普遍高于其他期货品种。

当基差较低，基差参考月份期货合约价格与近月合约价格价差大幅低于跨月成本，且近月价格与现货价格的价差高于出库费用和短途运输费用时，此仓单逐步注销，现货市场对期货的支撑显现，期货价格筑底反弹时间来临，这种情况下，基差多为波动区间的高点，此时可适当参与买入期货，抛售现货的操作，当然这还要与市场所处的整体环境加以结合。

当基差较高，基差参考月份期货合约价格与近月合约价格价差等于或大于跨月成本，且大幅高于仓单注册成本，仓单注册利润高于行情平均收益时，仓单逐步生成，现货对期货的压力显现，期货价格上行压力增强，这种情况下，基差多为波动区间的低点，此事可适当参与买入现货，抛售期货的操作。

依据郑州市场强麦期货交易特性以及强麦交割库分布，选取河南、山东、河北主要小麦集散地平均价格为现货依据，以郑州强麦期货指数合约报价为期货参考价格，核算国内强麦市场期现基差关系，目前也有交易商以强麦主力合约报价作为基差参考依据。如图 6－4 所示，2004 年以来国内强麦期现基差多在 －400 点到 100 点区间波动。2004～2007 年，期货合约以 1 年为布局，市场交易活跃度偏向中期和近期合约，现货均价与强麦指数价差波动区间为 －200 点到 100 点；2007～2008 年，期货合约上市周期为 1 年半，现货均价与强麦指数价差波动区间扩大，基差波动变化为 －430 点到 －100 点这样一个区间，前后两个阶段的整体波动范围在 300 点左右。这个波动区间正是由期、现货市场之间的运输成本和持有成本，以及资金投机的共同因素构成。

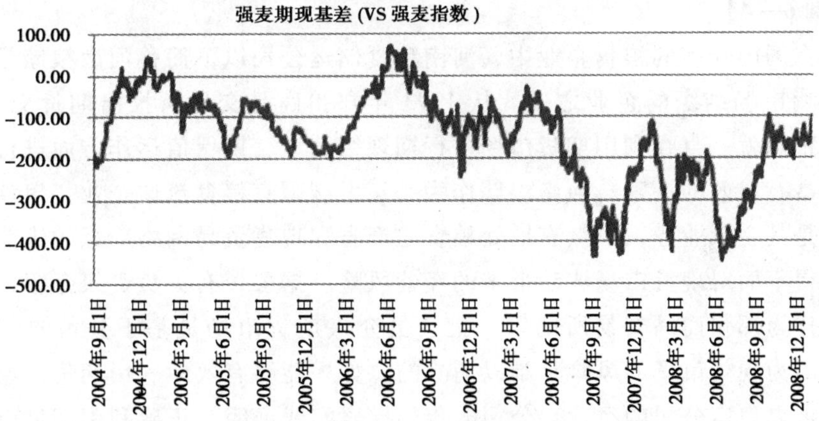

图 6－4 强麦期货现货基差走势图

【案例 6—3】

2008 年 3 月份，国内强麦期货价格指数 2242 点，主产区现货平均价格 1816 元，基差 426 点，主力交易合约 809 合约收盘价 2275 元，2275－1816＝459（元），前面我们所核算的基差固定费用为 90 元，9 月合约对 3 月交货期为 6 个月，市场仓储费用与利息成本约为 120 元，合计成本 210 元，预期收益＝459－210＝249（元），年收益率高于 20%，对于小麦产业链经营中该收益诱惑力较高，将吸引储备库、贸易商、投机资金参与仓单注册（2007 年年底郑州商品交易所优质强筋小麦仓单 11261 张，2008 年 5 月底优质强筋小麦仓单合计 20093 张）。3 月份北京某粮油公司根据对我国小麦供需结构长期供大于求的判断，决定于 2250 点附近抛售强麦 809 合约 1000 张，并着手采购现货 5000 吨；3 月底现货价格维持 1816 元，809 合约跌至 2050 点附近，基差跌至 234 元与 210 元的成本，该公司以 2050 均价平仓 500 张，并逐步销售现货，同时以现货销售进度平仓期货相应合约。该交易也是期现套利的典范。

贸易商、收储企业既可以向甲客户买现货又可以向乙客户卖现货。如果签订的买卖数量不等、时间不一致时就会有风险存在。应根据每月的现货净暴露情况决定如何进行套期保值。

粮食储运公司的案例

【案例 6—4】

在国内众多的粮食企业中，河南粮食储运公司以下简称河南粮储是最早和期货市场结缘的企业之一。从 1993 年郑州商品交易所推出期货交易起，河南粮储就一直在利用期货市场进行期现结合、套期保值运作方面进行着长期的富有成效的探索。河南粮储作为一家大型国有粮食流通企业，粮食现货贸易是其主营业务，虽然有地处粮食主产省和现货贸易网络广泛的优势，但也不得不面对现货市场波动带来的经营风险。据公司有关负责人介绍，河南粮储作为郑州商品交易所的第一批会员介入期货市场是基于公司的实际需求，因为现货市场的风险是难以消除的，如果能够有效地利用期货市场的功能，可以稳定公司的经营。公司数年的探索实践证明，正确利用期货市场发现价格、套期保值的功能，完全能够达到锁定利润、规避现货市场风险的目的，并且能够为粮食流通体制改革服务。对于参与期货市场，河南粮储形成了一套良好的决策机制，即进入市场前，要由现货部门和期货部门各自分析现货市场和期货市场的情况，并结合政策面的背景，制订出完整的套期保值计划。

2003 年初，郑州商品交易所推出了新国标小麦期货合约。由于新国标刚刚制订，当时市场对新国标小麦合约的定位分歧很大。河南粮储基于对现货市场的判断，认为虽然小麦现货市场经过了近 3 年的下滑，去年又大幅度减产，已出现止跌的迹象，但小麦库存量大，需求增长不旺，因此小麦现货市场的整体走势应是小幅回升，并不具备大幅上扬的条件。同时，河南粮储派人深入小麦主产区进行广泛的调研。通过对调查结果的分析，河南粮储认为，新国标小麦是一种介于普通小麦和优质小麦之间的一个品种，而当时期货价格已超过了优质小麦的价格。通过调研，河南粮储对究竟有多少麦子符合新国标，可以用于期货交割有了底，于是于年初便制订了当年的套期保值计划，并开始有计划地实施。

从5月份开始，河南粮储开始逐步在101合约上建立保值头寸，平均建仓价位在1350元/吨。同时，小麦收获一开始，河南粮储便在小麦主产区以保护价1.14元/千克大批量收购新小麦，加上各种费用，其成本大约在1.24元/千克，远远低于当时的期货价格。其后虽然小麦期货价格大幅上涨至1500元/吨以上，但到交割结束时，储运公司的1700张保值头寸不但未亏损，还实现了近300万元的利润，成功实现了顺价销售。

通过在期货市场的长年运作，河南粮储已摸索出了一套富有成效的期现结合的经营模式，成为公司锁定成本，提高利润的增长点。如今，在现货贸易方面，河南粮储成功摸索出一套“公司+农户”的经营模式。这种模式类似于订单农业，即公司与农科院、种子公司签订合同，由他们向农民发售种子，指导生产，建设小麦种植基地。等到收获时，公司负责以保护价收购符合标准的小麦，同时公司参与期货市场套期保值，利用期货市场规避风险，并且顺利实现顺价销售的目的。

通过参与期货市场，河南粮储不仅锁定了成本，提高了利润，更优化了经营机制，这对建立现代企业制度起到了良好的促进作用。

小麦流通经营企业的案例

【案例6—5】

下面以江苏一家专门从事小麦流通经营的公司从事小麦期货套期保值为例进行分析。该公司是江苏省经营强筋小麦的龙头公司，2008年购销总量超过70万吨。公司通过参与小麦期货交易，不断修正经营库存与销售时机，在近几年取得了长足发展。在套期保值方面，公司为防止价格风险，在买（卖）现货的同时，积极在期货市场进行对冲，适时运用买套保与卖套保策略，规避风险，锁定利润。2006年夏，国家实行小麦托市收购，在7月25

日公布了顺价销售的政策，该公司当时现货库存有2万吨。通过计算他们发现，期货小麦价格已低于现货价格。按照顺价销售的原则，该公司决定，一方面积极采购现货，另一方面在期货市场积极买入，实行买入套期保值策略，获得了较好收益。2006年11月3日，国家正式公布拍卖价后，该公司再次进场实施买入套期保值，获利平仓退场。此后在市场出现卖出保值机会时，即强麦价格冲上2000元/吨时，该公司结合库存现货情况，进行卖出套期保值，保值策略成功，取得了丰厚回报。

对于把握不住强麦期货业务的企业来说，利用2008年新改造硬麦合约进行套期保值将是一个较好的选择，因为硬麦合约标的除降落数值要求外，其他指标与储备小麦中的硬白麦标准基本一样，二者的价格走势及价格水平会保持相当大的相似性。这在过去也是有先例的。

利用硬麦合约对储备粮轮换进行套期保值的案例

【案例6—6】

江苏徐州市国有粮食企业充分利用期现货市场的调节作用和价格引导功能，灵活开展期现货经营业务，将政策性业务与经营性业务、计划性业务与市场性业务、批发市场业务与储备业务结合，进行合理运作，减少粮食轮换风险。具体做法是：由于储备粮轮出有周期的限制，当储备粮收购入库时，选择符合交割标准的小麦入库，当批准轮出时，先结合远期小麦合约价格，对市场后期走势进行研究和分析，再根据期现货市场不同的价格，按时、有规律地安排轮入和轮出。例如2004年10月份期货市场显示，2005年5月份的硬麦价格为1550元/吨，经过分析企业认为此价将远远高于小麦现货价格和2005年的小麦收购价格，且此价已高于入库价，徐州市粮食局引导企业及时申报小麦套期保值5000吨，将现货变为期货。2005年5月交割后再轮入7月的新粮，实现了市场与储备结合，从而达到合理轮换储备粮的目的，锁定了轮换的价差损失，开辟了储备粮轮换的新途径。

对现货贸易进行套期保值，降低小麦收购成本的案例

【案例6—7】

2008年，国内小麦市场连续3年实行小麦最低收购价政策。由于2006

年及2007年在小麦收购完成后，小麦价格出现了快速上涨情况，很多企业对2008年的后市预期较高，加上2007年及2008年初国际小麦价格暴涨，农民惜售心理较重，2008年的小麦收购市场自新麦上市便出现多元市场主体入市抢购，价格高开高走的局面。河南东方粮贸公司以1900元/吨的价格收购了30000吨优质小麦。考虑到现货市场收购价格上涨较快，公司担心小麦后市走势疲软，于是在7月初便通过期货市场在909合约上以2400元/吨的价格卖出了3000张。随后，虽然现货市场上普通小麦价格上涨幅度较大，但优质小麦并未出现明显上涨，而期货强麦受现货供给压力加大，周边农产品市场下跌影响，出现较大跌幅，考虑到套保目标已实现，公司选择在2250元/吨时进行了平仓。这时，虽然现货市场优质小麦价格仍无较大变化，但公司通过期货操作，已在期货市场实现150元/吨的盈利，使优质小麦现货市场的收购成本降低了150元/吨，收购价格相当于1750元/吨（1900元/吨-150元/吨），这一价格仅比普通小麦收购价格略高。后期即便价格出现下跌，公司成本已经有效降低，因此不会出现亏损，利润提前得到锁定。

九、国储小麦如何参与期货套期保值，操作中应注意什么？

【案例6—8】

中央储备小麦主要用于调节全国粮食供求总量，稳定粮食市场及应对重大自然灾害及其他突发事件等情况，该部分储备粮实行均衡轮换，每年轮换储存总量的20%至30%，由承储企业在轮换计划规定的时间内完成轮换。一般来说，中储粮总公司在每年11月底前提出下年度轮换计划（分省、分品种）报国家粮食局、财政部、中国农业发展银行，国家粮食局等有关部门综合平衡后在12月底前将轮换计划下达给中储粮总公司。轮空期最长不超过4个月，管理费用补贴实行定额包干，轮换自负盈亏（不含进出口轮换），成本不变、实物兑换，即轮入的粮油按照轮出粮油的入库成本记账。因此，储备粮轮换面临价格波动风险，需要规避。

一般来说，在计划轮出时，为防止价格下跌，可先通过期货市场进行卖出，在实际轮出时，对已经卖出的期货合约进行买入平仓，以期货市场盈利（或亏损）弥补现货市场亏损（或盈利），达到保值目的；在计划轮入时，为防止价格上涨，可先通过期货市场进行买入，在实际轮入时，对已经买入的期货合约进行卖出平仓，用期货市场盈利（或亏损）弥补现货市场亏损（或盈利），达到保值目的。河南东方粮贸公司对其储备粮轮换业务主要通过这种方式，选择合适的时机与月份进行套期保值，达到规避风险，锁定利润的目的。这种方式也为其他粮食贸易企业所采用。

2004 年春，由于上一年度全国小麦歉收、品质较差，现货小麦价格上涨，承担储备粮存储任务的部分企业面临压力巨大的补库任务普遍束手无策。面对这样复杂的局面，江苏粮食集团有关领导利用多年从事粮油期货业务的丰富经验，改变传统的轮换方式，通过期货市场成功地补足了轮换缺口，保障了储备粮的安全运作。他们买入近月合约的小麦，交割以后注销标准仓单，转为储备粮；在远月合约作等量卖出套期保值，当下一批储备粮轮换出库时，对保值头寸作对冲处理，成功地化解了轮换风险。

应注意的事项：

（1）对于不同合约的选择。对于粮食企业而言，每年都会有大量的轮出和收储小麦数量，笔者认为粮食企业在进行业务经营时不能将这两个环节分割对待，应该作为一个统一的整体进行决策，以形成长期的较为稳定的收益。在小麦的轮出期，企业应该对可能出现的小麦价格下跌可能造成的风险加以防范，而在小麦收储期，企业必须面对价格上涨可能造成的风险。

针对国储小麦而言，国储小麦轮库的时间决定了套保时对合约的选择。由于国储小麦轮换数量较大，成交量小的合约难以实现其套期保值的目的。如果轮出工作从每年年底进行至新麦上市之前，那可供选择的合约为 1 月、3 月、5 月和 7 月合约。历史规律显示 3 月和 7 月合约成交量较小，难当重任，因此重点操作对象为 1 月和 5 月合约。如果收储期从 9 月至 12 月进行，那么可供选择的合约为 9 月、11 月和次年的 1 月合约。

（2）如何入市操作。

何时入市？

国储小麦轮出量比较集中且量较大将会对国内小麦现货价格形成一定压

力，但这种压力的价格表现有一定的滞后性，而期货市场对价格的未来预期较为敏感，即有可能先于现货价格而表现出来。因此，在操作时应在计划销售任务之前对期货市场的套期保值头寸完成建仓或增仓。

如何建立头寸？

如果在1月份有较大数量的抛售计划，因为1月合约面临交割，所以持仓合约应定为3月和5月，如果大单量的在一个区间内建立，将会对期价形成较大压力，因此可以分散合约和品种。例如：建立少量3月合约头寸和较大数量的5月合约头寸。另外，可在强麦和硬麦市场各持一部分头寸，以缓解市场对于建仓行为可能导致的价格下跌的风险，这也有利于后期顺利完成平仓。如果在10月份计划进行大量收储工作，则可以选择11月合约作为主要持仓对象，同样可以强、硬麦同时持有。

套期保值的原理中提出应以同等水平的现货数量期货头寸进行套保，但是因为没有通过将现货在期货市场中抛售和获取的途径，所以在操作过程中可以灵活调节头寸。假如在轮出期，期货市场价格上扬，而现货市场相对平稳，我们可以缩小期货市场持仓头寸，以减少大单量在期货市场可能造成的大量亏损，相反，价格下跌超过我们的持仓成本时，我们可以少量调高持仓数量。

在收储期，持有买入套保头寸，在价格上扬超过持仓成本一定幅度时，也要设好止损目标，可以少量加大持仓头寸，反之，减少持仓数量，具体平仓数量。

在进行操作期间，市场上可能出现的不利因素是在轮出时期货价格上扬而现货价格下跌，收储期期货价格下跌而现货价格走高，其他的情况都将有利于套期保值目的的实现。

什么价位建仓？

在对期间费用和利润进行预算后，持仓目标价位将较为明确。

假设要在轮出期建立空头头寸，现货价格加上距离轮出期的仓储费及资金利息、企业目标利润、形成仓单的成本、装卸运输费等于期货建仓目标价位。

在收储期，现货价格加上形成仓单的成本、距离轮出期的仓储费、资金利息、企业目标利润、装卸运输费并减去增值税就等于建仓目标价位。

卖出建仓理论价位是当期货价格减去交易手续费、交割手续费、仓单注册成本、期货头寸占用资金利息大于或等于现货价格加上企业目标利润、抛售现货装卸运输费、现货占用资金利息时就可以进行建仓。

买入套期保值价位是当期货价格减去交易手续费、交割手续费、仓单注册成本、期货头寸占用资金利息小于或等于现货价格加上企业目标利润、抛售现货装卸运输费、现货占用资金利息时就可以建仓。其他情况可酌情而定。

如何设立止损?

期货价格走势的不确定性使得持仓头寸可能面临反预期方向发展，因此建仓后应及时减仓或全部平仓。为了减少风险，卖出和买入套保头寸均应尽可能在建仓价位的基础上预留一定可盈利空间，以免出现频繁止损和交易费用增大。

何时平仓?

平仓时间主要依据抛售和收储计划预期完成日决定。在计划接近完成日时将期货头寸予以平仓。

什么价位平仓?

在平仓时间段内，选择平仓价位主要依据对行情的正确判断，选择低点买入平仓，选择高点卖出平仓。

(3) 套期保值的策略。在滚动式买卖持仓策略中主要涉及的是如何转移持仓。

首先，操作要平稳。较大的买卖量将对每一次减仓过程形成不利影响，因此在建仓过程中减缓建仓步伐是必要的。如果3月份的卖仓要移至5月份，在买入平仓3月合约的同时应卖出5月合约，对于3月合约成交量较小出现仓位不足时，可适当在5月合约上进行调解，而且有条件时应对前期的利润和亏损进行弥补。在5月合约卖仓移至9月合约买仓时，由于出现双倍的买仓需求，在9月份提前建立对锁头寸是必要的，在买入5月合约时平仓9月合约卖仓，减缓价格波动的可能。9月至11月的操作雷同于3月至5月的操作，1月至3月、5月的操作雷同于5月移仓操作。

其次，平仓时依据时间和价位并重的原则。在时间临近时机就是价位尚未形成较大赢利时也应及时平仓，在有一定的盈利时，即在时间尚未临近时也应准备寻找移仓时机。

另外，建仓价位未达到建仓价位目标时，应对下一建仓月份进行关注并寻找建仓时机。我们应有一个长期的、连续的操作思路。

（4）资金预算。操作过程中，应对成本进行准确测算，尽量避免进入交割月并减少资金占用率。

十、小麦加工企业如何利用期货市场规避现货价格波动风险？

首先就面粉企业经营风险环节进行一个简要的分析：

（1）原粮采购及流通的价格风险（见表6-1）。

表6-1　原粮采购及流通的价格风险

原粮采购方式	成本价格	资金占有风险	质量稳定性风险	流通过程的价格变动风险	风险控制
拍卖	高	大且周期长	较好	大	手续麻烦周期长
直接收购	低	大但周期短	较差需要控制	小	按质控制分类
期货		较大	好	套保	行情掌控
贸易商供应	较高	较少	一般	小	付款周期
代储（粮食银行）	最低	最少	较差需要控制	最小	按质控制分类，行情掌控

上述描述针对小麦产区和销区及采购半径情况会有不同。

（2）库存原粮的价格风险（见表6-2）。

表6-2　库存原粮的价格风险

	原料特点		采购半径	生产规模	销售市场需求	资金周转		市场走向		风险控制
	品种单一	品种多				宽裕	紧张	看涨	看跌	
库存量	小	大	考虑运输及交货时间	一般按15~20天生产量计算库存	保证供应	多	少	大	尽可能小	要考虑新小麦的后熟期1~2个月

(3) 面粉价格的定价决定因素。

原料：占到 80 ~90%。

财务费用：利息。

生产成本：主要是电耗及工资。

(4) 成品库存及流通环节的价格风险（见表6-3)。

表 6-3　　成品库存及流通环节的价格风险

	销售市场需求		运输方式及发运周期	生产计划	产品需要	季节温度		市场走向		风险控制
	品种单一	品种多				夏季	冬季	看涨	看跌	
库存量	小	大	车皮申请、批准难易	实现零库存是不可能的，但可以按照生产计划做到库存量最小	一般面粉加工后熟期为 5 ~ 10 天，保证交到客户手里的面粉质量	尽可能少		大	尽可能小	结合行情变化及财务要求

对于小麦加工企业来说，参与期货方式主要以买入套期保值为主。买入套期保值就是指套期保值者先在期货市场上买入与其将在现货市场上买入的现货商品数量相等、交割日期相同或相近的该商品期货合约，即预先在期货市场上买空，持有多头头寸，当该套期保值者在现货市场上买入现货商品的同时，在期货市场上进行对冲，卖出原先买进的该商品期货合约，进而为其在现货市场上买进现货商品的交易进行保值，因为套期保值者首先在期货市场先以买入方式建立多头的交易部位，所以又称多头套期保值。买入套期保值能够回避价格上涨所带来的风险，提高企业资金的使用效率，对需要库存的商品来说，帮助其节省仓储、保险费用和损耗费。但是，一旦采取了套期保值策略，即失去了由于价格变动而可能得到的获利机会。

对于加工商来说，有三种情况：

(1) 在没有找到小麦供应商之前，对未来所需小麦可以在期货市场进行买入套期保值。如果以后找到小麦供应商，可将相应部分小麦合约平仓；如果至期货合约到期仍未找到小麦供应商，可以进行期货交割或将期货持仓平仓并在现货批发市场买入小麦。选用的方式以成本最低为准。

（2）已经找到小麦供应商，签订了远期合约但签订的是活价，即按交货时的现货价格进行交易。为防止未来价格上涨，需要进行买入小麦套期保值，到期时将期货平仓同时履行现货合同。此时，期货卖、现货买，方向相反。

（3）找到小麦供应商，签订了远期合约，而且已经确定了远期价格。此时，由于已经消除了本来价格的不确定性，可以不进行期货交易，但如果签订远期合约时嫌价格过高或者防止交割时价格下跌，可以卖出现货到期月的期货合约。到期，如果价格下跌，带来盈余，则成本下降。如果现货交割时，价格不跌反而上涨，就会带来价格上涨的亏损，成本上升。

【案例 6—9】

郑州某面粉厂为保证原粮采购，回避小麦现货市场的不确定性风险进行了大量的套期保值业务。由于新产小麦存在后熟期，没有经过后熟的小麦在制粉中会造成面粉发粘，这一特性在优质小麦中表现最为明显。2003 年优质强筋小麦期货的推出为该厂解决这一问题奠定了基础。5 月份是粮所推陈出新的时机，该厂利用这一时机储存了 5000 吨 2002 年产的优质小麦——豫麦 34，价格为 1280 元/吨，但是为了回避新小麦集中上市后市场价格的下滑，该厂在强筋小麦期货 309 合约上 1680 价位进行了卖出保值。进入 9 月，小麦现货价格稳定在 1270 元/吨，期货价格回落至 1650 元/吨，该厂在此价位对手中的期货合约进行了平仓。这样操作虽然现货成本提高了 10 元/吨，但是期货市场赢利 30 元/吨，实际上降低了 20 元/吨的采购成本，并且顺利避开了新产小麦的后熟期，保证了产品的稳定。

2003 年 9 月，由于秋粮减产，受玉米价格飙升的带动，现货市场突然启动，小麦到厂价由 1020 元/吨涨至 1140 元/吨，并且价格仍有上扬趋势，该厂主要供货商——基层粮所大部分停止出粮，即使有部分粮所出粮也需要业务员带款就仓提货，小麦质量计量难以保证。为了保证原料供应不断档，在这种局面下，该厂毅然决定先从部分粮所借入 5000 吨粮食加工，3 个月后按当时价格进行结算，同时为了消除这 3 个月时间内的市场风险，在郑州商品交易所小麦期货 401 合约上进行套期保值，买入 5000 吨小麦期货合约，价位锁定在 1290 元/吨。此后这 3 个月中，小麦现货价格再次冲高，然后在国储粮抛售压力下回落。进入 12 月，小麦现货价格稳定在 1340 元/吨，该厂以此价格对粮所进行了结算，而期货价格在进入交割月后也稳定在 1600 元/吨，该厂在此价位对手中的期货合约进行了平仓。最后综合计算此次操作，现货市场上提高成本 1340 - 1140 = 200（元/吨），期货市场平仓赢利为 1600 - 1290 = 310（元/吨），综合计算降低了 110 元/吨的成本，最重要的是顺利度过了 9 月份的采购难关，保证了生产的正常进行。

【案例 6—10】

蚌埠宝兴面粉厂近年来一直从事套期保值业务。1998 年 6 月初，小麦顺价销售已成定局，小麦现货价格在 1.20 元/千克，但是现货市场有价无市，各供求单位都在观望，实际现货成交价格为 1.27 元/千克，且上扬趋势明显。这时郑州商品交易所 7 月份期货小麦价格为 1300 元/吨。由于担心价格上涨，该厂以 1330 元/吨的均价买入 7 月份、9 月份期麦 2640 吨。到了 7 月份，由于政策性原因，小麦期价大幅上扬，于是该厂以 1450 元/吨的均价全部平仓出局，获利 31 万元。但在现货市场上，由于现货价也上涨到 1.4 元/千克，该厂在现货市场购买小麦每吨亏损约 130 元，但是期货市场的盈利弥补了现货市场的大部分亏损。

【案例 6—11】

1999 年底，南方蛇口某港资面粉厂，拟购买东北春小麦 1 万吨，为回避风险，该厂利用郑州商品交易所小麦期货与现货价格变化趋势非常一致这一规律，在与东北一家农垦企业签订合同时，坚持交货价格参照郑商所小麦价格制定，将 2000 年 10 月份的交货价格定为郑商所 WT007、009、011 合约在 2000 年 6 月份的加权平均价。随后，该面粉厂又在深圳某期货公司开户，分别买入 WT007、009、011 合约共 1000 张，从而达到锁定成本，实现预期利润的目的。

【案例 6—12】

2007 年 10 月，某粮油集团下属面粉加工企业拟安排至春节前小麦采购计划，其中专用粉消耗月均 2000 吨，当时强麦现货报价 1670 元/吨，中央临时储备政策收储小麦年产量1/4，市场存量减少，同时部分省区收储量过高，历史存量较少，商业库存有限，小麦现货价格存在上行预期。由于周转资金有限，考虑到利息及仓储问题，该集团决定授权期货部在强麦期货市场805合约进行买入保值600张，均价2020元/吨，为未来3个月小麦采购计划进行套期保值。10月底，国内优质麦价格上行至1690元/吨，该企业在期货市场以2050的价格卖出平仓805合约200张，同时在现货市场采购，期货盈利=2050－2020=30（元/吨），现货市场价格上涨20元，该企业采购价格较同行偏低30元/吨，并节省仓储费及资金15元/吨。11月底，国内优质麦价格上行至1760元/吨，该企业在期货市场以2100的价格卖出平仓805合约200张，同时在现货市场采购，期货盈利=2100－2020=80（元/吨），现货市场价格上涨=1760－1670=90（元），该企业采购均价较同行偏低80元/吨，节省仓储费及资金30元/吨。11月底，政府逐步增加小麦投放量，市场整体价格趋稳，该企业果断以2100价格平掉剩余200张期货多头头寸，实现期货盈利=2100－2020=80（元/吨）。12月底，国内优质麦价格上行至1810元/吨，现货市场价格上涨=1810－1670=140（元），该企业采购均价较同行偏低80元/吨，节省仓储费及资金45元/吨。总体来看，该面粉企业在现货经营中，分析判断行情，调整采购进度，考虑资金使用周转多重因素，在期货市场采取保值策略。国内面粉加工企业，虽然关系国计民生重大行情，但是由于面粉厂众多，规模化经营较少，资金有限，多以现货资金快速周转，通过薄利实现长期盈利，而现货价格波动时，由于资金限制，多受制于行情，企业经营利润下降，行业竞争优势丧失；部分规模化企业，以资金用厚为依托，通过行情判断进行规模化原料采购，但是由于小麦价格整体波动浮动有限，现货上涨时，虽然囤货利润产生，但是多数成本被仓储与资金利息所占用，实际收益率常低于社会平均收益率。例如，小麦半年储藏成本及利息约80元/吨，而我国小麦价格波动幅度较小，若以100元/吨来核算，实际收益＝100－80＝20（元/吨），以2000元/吨来核算，实际年收益率＝2%，不足银行存款利率。

企业将期货市场当做稳定可靠的采购渠道的案例

郑州商品交易所交割的小麦批量大，质量稳定，交割品质量标准高，入库检验严格，因此，小麦质量好，品质高，对加工企业的面粉稳定性起到很大的作用。现货市场采购的小麦地区不一，仓容较小，粮所一般仓容是300~500吨，因此，小麦的质量差别很大。面粉企业通过小麦期货市场可以获得质量稳定的货源。

【案例6—13】

1998年3月，郑州海嘉食品公司从郑州商品交易所河南浚县交割仓库提取的小麦整齐度高，容重高达782克，水分低于11.6%，延展性好，适合生产拉面粉。当时天津大沽国家粮食储备库的一位负责人要求以高出市场价0.04元/千克的价格买断，发往天津。

1998年11月，郑州海嘉食品公司从郑商所山东潍坊交割仓库提取的标准二级仓单，容重高达809克，湿面筋值为37%，稳定时间为5.5分钟，直接用于生产兰州拉面粉、饺子粉。

1999年1月，郑州海嘉食品公司从郑商所河南南召交割仓库提取的非标准仓单，贴水6分/千克，到厂价格含运费、蓬布使用费、绳网费、人员差旅费等，比当时的市场采购价格低0.05元/千克，主要用于生产馒头粉。

企业保持在销售环节上的竞争优势的案例

面粉加工企业在购进小麦后，很可能会面临现货价格急速下跌，面粉价格也跟着下跌的风险，此时用原来高价小麦制成的高成本面粉只能按当前的低价销售，从而使企业承受价格损失。为了避免这种风险，就要利用郑商所小麦期货市场，进行套期保值。

【案例6—14】

某面粉加工公司在1998年9月上旬以每吨1400元的价格收购了3000吨待加工小麦。由于小麦不能及时加工成面粉或面粉不能及时售出，为了防止在这期间小麦价格下跌而蒙受损失，就可以同时在期货市场卖出3000吨的小麦期货合约，价格为1350元/吨，交割月为11月份，之后小麦价格果然下跌，到了10月份，面粉厂终于将3000吨小麦制成的面粉全部售出，平均价格为1300元/吨，此时每吨小麦价格损失100元，共计损失30万。与此同时，期货交易所的小麦价格也下降了，为1250元/吨。面粉厂又买进3000吨11月份的小麦期货合约进行平仓，则在期货市场每吨小麦赢利100

元，共获利 30 万元。通过这样的先在期货市场上卖出期货合同，然后在将来买进，以多头交易平仓的做法，回避了市场价格波动的风险，保证了企业的正常加工增值利润，赢得了销售竞争优势。

开展代农储粮，节约流动资金的案例

面粉加工企业在开展代农存粮，代农加工业务时，农民存入的小麦被当作周转麦加工成面粉销售后，如遇小麦价格上涨，此时农民要求取回面粉，面粉厂为了保护农民利益只能用当时购进的高价麦制成的高成本面粉返还农民，这样就要承受经济损失。面粉企业存储待加工小麦在所难免，代农存粮能够节约巨额流动资金也是件好事，但这两种情况存在的价格风险，却一直困扰着面粉企业。怎样才能使面粉厂不受价格变化的影响呢？参加期货交易，运用套期保值的操作来转移风险将是一种很好的解决办法。

【案例 6—15】

某面粉加工公司在开展代农存粮，代农加工业务时，假如 7 月份面粉厂共代农存麦 3000 吨，预计在第二年 7 月份之前小麦将被全部取出。在此期间，面粉厂就可以将这 3000 吨小麦作为周转麦加工成面粉出售，按时价每吨 1300 元计算，可节约 390 万元购小麦的流动资金。此举把农民手中的“死粮”变为流通中的“活粮”，既方便了群众又节约了企业的流动资金，不失为“一举两得”的好事。但如果 7 月份后粮价一路上涨，农民在此期间要求取钱或取面粉，面粉厂只能按当时较高的麦价返还农民钱款或者购进小麦加工面粉。到第二年 7 月份，农民取完全部代存小麦时，折合返还农民小麦的平均价格将上升为 1350 元/吨。这样，面粉厂将损失 50 元/吨，企业虽然节约了 390 万元的流动资金，但也承受了 15 万元的风险（50 × 3000）。如果面粉厂当初参与了期货交易，则可以通过套期保值的操作来避免这样的风险。7 月份农民存入 3000 吨小麦时，同时在期货交易所买进 3000 吨第二年 7 月份的小麦期货合同，价格为 1320 元/吨，到第二年 7 月份小麦价格上涨后售出合同，此时小麦期市价格涨到 1370 元/吨，每吨小麦获利 50 元，在期市共可获利 15 万元，从而弥补了现货市场的损失。这样在代农存粮、代农加工业务中，通过先在期货市场买入期货合同，再以卖出期货合同进行平仓的做法，不仅使面粉厂节约了 390 万元的流动资金，而且避免了价格波动的风险。

利用期货市场盘活资金，降低成本的案例

【案例 6—16】

1999 年农业发展银行规定，粮食收储单位在确保资金安全回笼的情况下，可以先发粮后付款的办法，多促销粮食。现在很多粮食局、粮管所主动找到面粉加工企业，促销小麦。以河南省为例，2000 年促销任务为 60 亿千克，力争完成 80 亿千克。面粉加工企业完全可以充分利用此项优惠政策，在期货市场采取套期保值的办法，盘活资金，降低成本。如在 1999 年 4 月 1 日，郑州海嘉食品公司与粮管所签订 1 万吨小麦的购销合同，约定 1999 年 11 月以当时郑州现货价做为双方结算价格。为了避免在 11 月份结算时价格上涨，公司当即在郑州商品交易所买入 11 月小麦合约 1000 张（每张 10 吨），当时小麦现货成本价为 0.96 元/千克，在郑州商品交易所 11 月份小麦期货套保价为 1076 元/吨，即 1.076 元/千克，减去贴水 0.06 元/千克，实为 1.016 元/千克。这次操作首先规避了价格波动风险，锁定了经营成本，其次解决了企业资金紧张，贷款难的问题，再次还为企业盘活了资金 960 万元，增加了经济效益。

锁定风险和利润的案例

【案例 6—17】

2004 年，中粮鹏泰面粉第三季度备货已确定的面粉合同需备小麦量为 1 万吨。当时现货市场普通小麦 1760 元 ~ 1800 元/吨，优质小麦 1900 元/吨，现货市场优质小麦量少、质差，品质均匀性不好，达不到企业的需求，同时供货商不愿意出货，希望提价，而企业库存告急，有停产可能。经了解，期货小麦的品质和数量都能满足他们的要求。在这种情况下，企业决定选择期货市场进行买入保值。

2004 年 4 月底企业结合现货情况和期货特点认为，虽然期货价格仍然维持相对高位震荡，但鉴于时间临近合约最后一站，后期仓单压力将增大，于是选择暂时不接货。当时的盘面分歧较大，多方本以为小麦需求企业会在此价位进场接货，但现实情况发生了变化，于是多方顺势抛售，价格终因多头平仓盘打压以及仓单压力而出现大幅下跌，跌幅超过200元/吨。5月初，企业向郑州商品交易所申请了1000张WS407套保额度。2004年6月初，期货价格跌至1600元附近，进入鹏泰面粉的采购目标价位区，所以企业果断入场接货3000吨，找到中粮期货公司另一卖方客户进行了贴水期转现交易，均价在1580元/吨，随后中粮期货帮助联系出库，协调出库事宜。6月中下旬，企业又将剩下的7000吨需求变为期货头寸，以1540元/吨价格买入700张WS407合约进行买期保值，并将其700张持仓全部进入正常交割程序交割接货。

经核算，成本期转现的3000吨费用，实际发生费用（出库费用+短途运输）约80元/吨，实际成本1580-20+80=1640（元/吨），比现货到厂价格降低成本每吨260元以上，而交割的7000吨，期货价差亏损1540-1505=35（元/吨），实际发生费用（出库费用+短途运输）约80元/吨，实际接货成本1540+80=1620（元/吨）。交割总成本1620+35=1655（元/吨）。当时现货价格也随之降低，现货成本降低至1690元/吨，但期货交割成本价仍比现货到厂价节约成本每吨35元。

由于当时强麦期货上市时间不长，中粮鹏泰面粉企业还未真正体会到接期货小麦仓单的优势，最初接到期货小麦以后对质量存有怀疑，甚至对每包都进行详细检查。随着用货量的增加，信任程度逐步加深，甚至期货市场小麦拉来入库可以免检。现货企业逐渐发现，期货市场比现货市场更有信用保证，可以按照企业的计划得到购买的品质和数量的原材料，期货交易所负责信用保证，同时又解决了企业的停产危机，一举多得。

通过在期货市场的长年运作，现在中粮鹏泰面粉已摸索出了一套富有成效的期现结合的经营模式，成为公司锁定成本，提高利润的增长点。参与期货市场不仅仅使公司锁定了成本，提高了利润，更对公司优化经营机制，建立现代企业制度起到了良好的促进作用。

面粉厂对于套期保值应树立每笔都做的观念。对于单纯的面粉企业，其经营的目的是赚取正常小麦加工增值利润，尽量避免由于原料价格变动而引起的经营风险，而不应凭投机或侥幸心理赚取因原粮价格变化而带来的投机利益。要保证面粉企业在风云变幻的市场条件下立于不败之地，就应充分利用期货的套期保值来转移价格风险，树立每笔都做的观点。从利润最大化的角度出发，有人认为应该有选择地进行套期保值，即只在预计实物市场价格发生不利变化时才进入期货市场做套期保值，这种观点尽管有其合理的部分，但必须建立在对今后一段时期内的价格趋势作出正确判断的基础上，否则就会冒更大的风险。当前小麦市场价格变化莫测，要对其价格趋势做出合理的判断决非易事。所以，单纯的面粉加工企业应有选择地做套期保值，避免企业在经营中出现被动。应该在每购进或代存一批小麦时，即在期市上做一笔相应的套期保值，但对于存在粮食贸易业务的加工企业就另当别论了。

十一、申请小麦套期保值交易需提供哪些材料？

申请小麦套期保值交易需提供的材料有：

（1）郑州商品交易所套期保值申请（审批）表一式两份。

（2）企业套期保值操作说明。

（3）企业营业执照副本复印件。

（4）企业近2年的现货经营业绩说明。

（5）卖出套期保值申请客户另须提供的材料：保值商品的现货购销合同、保值商品仓单、交割预报通知单、拥有实货的其他凭证。

（6）买入套期保值申请客户另须提供的材料：保值商品的现货购销合同或其他证明材料。

（7）申请套保客户如果是国有企业，另须提供法定代表人签署的同意套期保值交易的证明。

上述由客户提供的材料属复印件的须加盖客户公章，经期货公司审核后代为向交易所提供。

十二、套期保值的流程是怎样的？

合约到期还未平仓的，就需要参照如下交割流程图（见图6－5）进行实物交割：

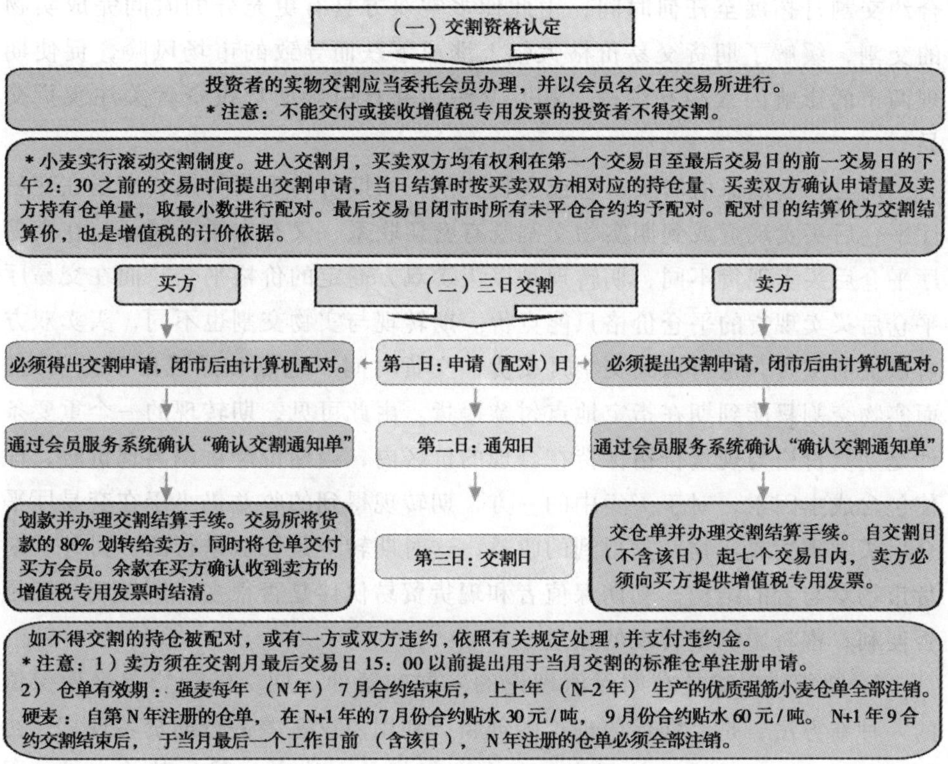

图 6－5 小麦实物交割流程图

十三、套期保值与期转现有哪些关系？

1. 套期保值是期货转现货的基础和保证。期货市场套期保值的参与者是期货市场存在和发展的基础，也是现货市场的主要现货供求者，有了套期保值者的存在和参与，期货转现货才有实现的可能。采取期货转现货这种措施，可以使期货市场更加贴近现货市场。一般地说，期货交易品种的实物交割对于加强该品种期现两市的联系有重要作用，没有实物交割，期货市场如同无源之水，虽然一般期货交易品种的实物交割量仅占其成交量的 3% 左右，但这 3% 的实物交割量却是套期保值的一种特殊方法，也成为连接期现两市的纽带和桥梁。而期货转现货的措施将交割时间从期货合约交割月拓展至任何时间，由此使多空双方具有更充分的时间完成实物的交割，缓解了期货交易价格大幅上涨或下跌而导致的市场风险，促使期现两市的影响因素相互渗透、相互交织，并且引导期货投资者关注现货交易。

同时，套期保值需要平仓或实物交割，而期货转现货与期货市场在交易厅平仓后买卖现货或到期实物交割既有密切联系，又有本质不同。与在交易厅平仓后买卖现货不同，期转现是以买卖双方商定的价格平仓，而在交易厅平仓后买卖现货的平仓价格只能竞价。期转现与实物交割也不同，买卖双方可以提前交货，也可以到交割月交货，交货时间、地点和品级由双方商定，而实物交割只能到期在指定地点付款提货。由此可见，期转现的一个重要条件是期货价格与现货价格保持在合理的价区内，当期价严重偏离现价时，即使包含成本因素，对于买卖中的一方，期转现得到的收益仍小于在交易厅平仓后买卖现货或实物交割得到的收益，这时期转现是无法进行的。另外，期货市场参与者的结构、套期保值者和现货贸易伙伴是否很多，期转现规则是否便利，都将影响期转现的数量。

2. 期货转现货是套期保值理论的发展和延伸。期货转现货是套期保值的一种新方法，是套期保值理论的创新。利用协议基差进行期货转现货，协议基差的大小是最重要的因素，而套期保值的方法之一就是基差交易，因此，期货转现货是套期保值理论的发展和延伸。不论是套期保值还是期货转现货，在操作时都应考虑以下因素：交割的有关费用、储仓费、利息费、资金和货物提前利用所得到的机会收益、现货价格和期货价格、期货转现货交收货物和交割标准品级的现货差价等。

期货价格中已经包含交割、仓储和利息等费用，期价一般高于现价，因此，期价和现价之差是确定协议基差的重要依据。一般来说，期货转现货双方按照结算价格平仓，用结算价格减去协议基差确定交收货物价格时，卖方应将节约费用的大部分以协议基差的形式给予买方。在期现价格差和上述费用基本一致的情况下，协议基差应该低于期货市场和现货市场的价格差，因为在该情况下，与交割方式相比，卖方基本没有获得期货转现货收益，买方获得所有期货转现货收益，买卖双方进行期货转现货的可能性很小。在小于期现价格差的情况下，则少于部分即为卖方进行期货转现货获得的收益，协议基差为买方获得的期货转现货收益。

3. 套期保值和期货转现货在一定条件下可以相互转化。

(1) 如果买卖双方是长期贸易伙伴，都希望未来交收货物并将现货价格风险转移出去，买卖双方可以先拟定交货地点和交货品级，然后在期货市场各自建立自己的持仓。这样，买卖双方虽然没有直接签订远期合同，实际上却是通过期货市场间接签订了一个远期合同，在期货合约到期或到期前进行期货转现货，把期货合约变成一个现货合同。在期货转现货过程中，通过期货市场间接签约，既给价格变动不利的一方平仓免除责任的机会，又使价格变动有利一方不会因对方不愿履约而无法转移价格风险。如果在期货合约到期前，买卖双方都没有平仓，他们就可以将期货合约转换为现货合同。如果期货合约到期前一方已经平仓，另一方可以选择新的伙伴进行期货转现货、平仓后买卖现货或到期交割等方式交收现货，并达到保值目的。

期货转现货提供了期货市场与现货市场新的衔接方式。与期货合约交易及远期合约交易一样，期货转现货使买卖双方转移了价格风险，同时，期货转现货还吸收了期货交易平仓免责的优点和远期合同交易中货物交收灵活性、便利性和低成本等优点，有效防止了远期合同交易中违约给对方造成的价格风险问题，节约了期货交割带来的成本和其他费用。

(2) 如果买卖双方不是现货上的贸易伙伴，而是在交割或交割前偶然达成期货转现货协议，协议中常协商现货交收价格和期货平仓价格，当然也可以协议基差，进行期货转现货。在协商不成时，可以将现有的期货仓位转为套期保值的头寸；在协商一致的情况下，可以将原套期保值头寸转为期货转现货。

十四、套期保值一定要进行实物交割吗?

近年来，实物交割式套期保值（以下简称实物交割套保）已经成为国内粮油企业参与期货市场的普遍形式。无论是在大连大豆市场，还是在郑州小麦市场，实物交割套保群体都已经成为市场价格的决定性力量之一。诚然，此群体的出现对实现期现结合、探索期货市场为粮食流通体制改革服务的新途径发挥了较大的作用。但是，大量实物交割不断涌现也将威胁到当前粮食期货市场的正常发展。

1. 实物交割套保存在的现实背景。众所周知，套期保值是粮油企业利用期货市场规避价格风险的主要方式。正常的套期保值是在期现两个市场同时进行的，是以一个市场的赢利来弥补另一个市场的亏损，商品并不一定发生空间的运动，商品所有权也并不一定转移。在实物套保的运作过程中，商品发生从现货市场向期货市场（期货交割环节），再从期货市场回到现货市场的运动过程，商品的所有权频繁转移。在现实操作中，贸易商一般先在期货市场中以较高的价格卖货，再从国内外现货市场以较低的成本采货，运至交割库以仓单交割的形式结束卖和买的循环过程；而生产商则是直接将手中的货物注册仓单再“卖”给期货市场的参与者（或买入套保者）。这种操作方式类似于商品的远期现货交易，不同的是，它是通过期货市场实现的。

交割套保大量存在的原因有二。一是我国粮食价格持续低迷，现货市场属“买方市场”，交易履约率低，回款速度慢、信用不理想，而期货市场的保证金制度以及严密的交割制度对现货交易商产生了较大吸引力；二是期货市场投机性较强，期现基差较大，为生产商提供了效益较高的商品变相购销途径；

2. 大量实物交割将成为束缚期货市场发展的瓶颈。大量的实物交割的出现从一定程度上改变了期货市场的投机性质，如果任由其发展将出现以下危害：

（1）大量的实物交割会改变期货市场“零和”的游戏规则。实物交割的大量出现，使得期货市场成为部分粮食生产企业的变相销售市场，成为其实现生产利润的渠道，而这些进行实物交割套保的生产商，大多随着交割的结束和利润的实现而收回货款，继续投入商品生产。这样一来，实物交割套保群体便成为游离于期货市场边缘的另类资金群体。他们的盈亏与期货总投机群体的盈亏相互对立，也就是说，所有参与期货市场的投机者将因为实物套保群体的盈利而整体亏损。众所周知，期货市场是资金“零和”市场，实物套保的泛滥将可能改变期货市场“零和”的游戏规则，而变成“负和”市场。

（2）大量的实物交割会制约期货市场“发现价格”功能的实现。因为实物交割套保者能够提前匡算好成本和利润，并且拥有现货资源，所以他们能在一定程度上占据市场优势，甚至可以以现货为筹码在一定程度上控制市场价格的变动，而投机资金由于在现货的流通领域中始终处于劣势地位，购买和销售的成本都高于实物套保者，因此在市场中不占据优势。这样，失去主动权的投机资金参与市场的积极性将大大降低。实物套保群体大多以相对静态的“现货思维”看待市场价格的变动，这将大大制约期货市场“发现价格”功能的实现。

（3）大量的实物交割会限制期货市场交易规模的扩大。从上述分析可以看出，投机资金参与兴趣的降低将使期货市场的流动性大大降低，而如果投机资金与交割套保者执意抗衡，又会扩大期货交割量，增加市场的交割风险。

（4）大量的实物交割会造成商品资源和社会资源的浪费。期货合同是标准化的，期货交割地点也是固定的，因此，交割套保所形成的商品流动常常是非市场化的、非有效的资源配置。接货者常常并不是需要商品的加工商，交割地点也并不一定是商品流通的合理去处。在实物套保利润的驱使下，商品流通中增加了无数多余的环节，造成了商品资源和社会资源的浪费。更重要的是，由于现货市场价格萎靡、期货交割费用偏高，以及合约交割品质单一化等原因，市场缺乏买入套保者，从而粮食在期货市场上形成“易进难出”的现实局面。在当前现货市场流通机制并不完善的情况下，过量的实物交割已经极大地分散了交易机构的精力，成为现实期货市场发展的绊脚石。

3. 从对期货市场的不同定位认识角度看待实物交割套保。只有明确了期货市场的定位，才能正确地看待实物交割套保。如果将期货市场认定为现货市场的组成部分，或者说是对现货市场的补充，那么我们就可以大力鼓励实物交割。这样，确实可以解决部分企业“卖粮难”的现实问题。但是，当前国内为数不多的几个期货交易品种的市场容量并不能解决我国粮食流通改革的大问题，而这种“竭泽而渔”的做法将限制期货市场规模的继续扩大。可以说，治理整顿后的国内期货市场中，为数不多的几只比较成熟的期货品种凝聚了市场十余年艰苦探索的经验，担负着“入世”之际期货市场大发展过程中的“承前启后”的历史重任。从这一角度说，我们不能纵容任何影响期货市场正常发展的因素蔓延，对实物交割的泛滥也应采取一定的控制措施，为投机性机构资金、基金打造一定的弹性空间。

4. 政策上应把握对实物交割控制尺度。从辩证的角度说，我们对待实物交割既不能过度限制，也不能过度鼓励，只能在不同的时期适当把握控制的尺度。笔者认为，控制实物套保的措施可以采取以下措施：将实物交割与正常的套期保值区分开来，在交易制度中明确二者的界限，并实行不同的优惠政策；加强增值税的管理，杜绝造假现象发生等。当然，创造期现基差趋于零值的市场环境，适当降低交割费用吸引买入套保者的介入，是解决问题的长远之路，而引导实物交割套保逐渐向正常的套期保值过渡是解决问题的根本办法。

十五、企业参与套期保值应该注意什么？

粮食企业套期保值业务是一项专业性极强的业务，这就要求粮食企业首先要在组织架构设计上组建专门的套期保值部门，而不能由现货业务部门兼做。套保在整个粮油产业链纵向一体化经营当中处于极为重要的位置，在极端情况下，套期保值的效果良好与否甚至决定了一个企业是否能够生存下去，而且它是一项非常系统的业务，内容涉及从种植到销售的所有环节，与各个现货业务密切相关，这就需要公司最高管理层垂直管理，统筹规划，并在业务开展过程中与现货业务部门充分沟通。为做好套期保值的风险控制，还需要设立独立与套保业务体系之外的风险监管机构。有了组织上的保障后，建立专业的套期保值团队是套保业务能否高效开展的又一关键因素。套保团队的成员不仅要有较强的期货研发能力和实际操作能力，还要对粮油产业链的各个现货环节有系统而深刻的认识。人员配置上要力求在知识结构、性格等方面形成互补，避免单兵作战过程中由于个体判断的片面性和倾向性以及性格上的缺陷造成套保失败，真正形成团队合力。

其次，套保交易管理首先要建立科学的交易管理流程。期货交易管理流程主要由交易决策与实施流程、风险控制流程和调整与反馈流程组成。所有期货交易必须制定投资报告，内容涵盖投资依据和操作观点、建仓计划、投资风险分析、平仓计划、讨论结果和审批结果等内容。投资报告形成后，必须经过内部充分讨论和部门外部专业人士征询意见后方可报主管领导审批实施。在实施过程中，要及时讨论沟通，对投资进行跟踪，根据行情演绎，对照投资报告，适时对投资进行风险和收益评估，如需对投资报告进行调整，必须撰写专门的调整报告提交主管领导审批。对交易计划实施的全过程要进行逐日跟踪，明确每笔交易的执行人、监督人，做到责任到人。在交易执行结束后，应记录交易结果，相关人员要总结经验。要将交易计划和交易跟踪记录表归档保存。

再次，期货交易存在一定的风险，粮油企业参与期货套保要建立明确的授权体制和严格的风控体系。

（1）授权制度。

①授权主体：由公司最高管理层对进行期货操作的相关方（包括套保、采购）进行总授权管理。

②授权内容：a. 可操作的品种（严格杜绝非主营品种的操作）；b. 总交易持仓手数；c. 总亏损额度。

③授权程序：公司层面进行总体授权后，各操作方进行二、三级授权，即对具体操作的部门和交易员进行分层授权，二、三级授权的原则是根据各经营部门的专业性和专业化操作水平有区别的授权。这种风险管理上的授权制度在根本上限制和杜绝了风险外溢的可能，最大限度地把风险控制在本企业可承受的范围，实现风险额度和实际操作水平的合理分配。

（2）风险近控制建设。建立五级垂直风险监控体系，由公司风险管理委员会、首席风险官、公司结算员、经营部门风险监管员、交易员共同管理套保风险：公司设立风险管理委员会，对期货投资的总体风险进行控制，根据公司整体经营计划，审批各部门期货投资业务授权申请，对各部门进行相应授权。受理各公司期货投资授权变更申请。公司设首席风险官，对公司期货投资的日常风险进行监控、预警和处置。首席风险官一经任命，就独立于董事会和总经理之外履行风险控制职责，对各部门出现超额风险的期货交易进行独断处理。公司层面专设结算员，负责每日盯市结算，对套保业务实施静态风险监控。每日向总经理和公司首席风险官报告公司期货投资业务进展情况及风险情况。套保操作的具体部门设专人（风险监管员）对套保业务实施动态风险管理。风险监管员依据各交易员交易计划书，履行风险监控、风险预警职责，在交易风险超出交易计划书限定的情况下，对相应头寸进行

(部分) 平仓处理，无须征得领导和交易员同意。交易员根据各自交易计划书对风险进行自律管理。

另外，在具体操作上，做套期保值还应掌握好基差的变化。套期保值的效果，往往取决于套期保值和取消套期保值时实际货物与期货之间差价的变化，即基差的变化。期货和现货的价格都是连续变化的，掌握好二者的变化，选择适当的时机平仓，对于保证效果极为重要。

【案例 6—18】

8 月 20 日在现货市场购入待加工小麦，每吨价格 1300 元，为了防止小麦价格下跌而使面粉成本相对增加，同时在期货市场售出 12 月份相同数量的期货合同，价格为 1350 元/吨；到 8 月 20 日，小麦价格果然下跌为 1250 元/吨，此时按市场价格出售面粉，仅现货市场上的原粮差价每吨就亏损 50 元，当时期货市场 12 月份小麦期货价格每吨为 1250 元，此时若及时买入则期货市场每吨赢利 100 元，这样操作不但达到了转移风险的效果，而且还在基差变化中取得额外赢利 50 元；但如果错过了这个机会，在 8 月 20 日没有及时买入期货合同，而是等到了 9 月 20 日，此时小麦价格仍为 1250 元/吨，而期货却升为 1310 元/吨，此时平仓，现货市场每吨小麦赔 50 元，期货市场赢利 40 元，就达不到预期的效果。另外，灵活运用基差的变化，采取期货平仓与实物交割结合的作法，运用期货与现货套做的操作还能收到稳步盈利的效果。

自 测 题

一、填空题

1. 利用期货市场，即可保证粮食收储企业顺价销售，预期利润的实现，又有利于优化种植结构，增加农民收入，提高社会效益。这也正体现了______、______和______之间的关系。

2. 企业对于期货术语——“套期保值”或许并不陌生。通俗的讲，套期保值的功效主要在于______。

3. 期货市场套期保值的最基本意义在于，通过保值操作，使得企业克服外部环境变化的不利影响或外部不确定风险，确保企业生产经营活动按照计划完成，确保企业________、________、________、________。

4. 小麦产业涉及________、________、________、________等各个环节，其主要目标是满足人民的食物需求，是一个复杂的系统工程。

5. 实践和理论证明，__________是构成现代粮油企业商业模式的必备要素之一。

6. 对于小麦产业链客户来讲，基本上可以笼统的划分为__________、__________、__________。

7. 基差是某一特定地点某种商品的现货价格与同种商品的某一特定期货合约价格间的价差。基差 =__________。

二、多项选择题

1. (　　)是企业参与期货套期保值的误区。

A. 期货市场上亏损等于套期保值的失败

B. 套期保值可以对冲所有的风险

C. 只有与合约相对应的品种才能进行套期保值

D. 在期货市场上建立头寸即是套期保值

E. 可以在套期保值的基础上进行投机

2. 对于企业而言的风险主要蕴藏在(　　)方面。

A. 商业目标、商业竞争策略　　B. 技术背景、人力资源

C. 商业竞争技术、经营环境　　D. 行业成长性

3. 根据企业风险暴露的种类可以确定企业保值的种类有(　　)。

A. 上游闭口、下游敞口　　B. 双向敞口

C. 上游敞口、下游闭口　　D. 无风险企业

三、判断题

1. 农业产业链的源头在于最初的农产品，终端是食品消费，流通是农业产业链的中间环节。(　　)

2. 以面粉加工为中间环节的“小麦——面粉——面制食品”产业链，不能直接影响着我国农业及食品工业的健康发展。(　　)

3. 现代小麦行业低成本的竞争策略和纵向一体化的业务模式发展趋势促使国内粮油产业想扩大经营规模、实现长期稳步发展，就必须善于期货套期保值，小麦产业链企业同样如此。 （　）

4. 贸易商处于产业链的中间环节，需承受上下游对价格波动影响所带来的风险。 （　）

5. 郑州商品交易所交割的小麦批量大，质量稳定，交割品质量标准高，入库检验严格，因此小麦质量好，对加工企业的面粉稳定性起到很大的作用。 （　）

6. 套期保值一定要进行实物交割。 （　）

参考答案

一、填空题

1. 粮食价格　种植面积　农民收入
2. 熨平企业利润曲线
3. 成本稳定　财务稳定　市场稳定　利润稳定
4. 小麦种植　流通　粗加工（以制粉为主）　精加工（以食品行业为主）
5. 套期保值
6. 上游——生产者（订单农业）　中游——贸易商　下游——加工商
7. 现货价格－期货价格

二、多项选择题

1. ABCDE　　2. ABCD　　3. ABC

三、判断题

1. 对　　2. 错　　3. 对　　4. 对　　5. 对
6. 错

第七章
小麦期货投机机会

【本章要点】

期货是进行风险管理的工具，但期货投资本身也具有较大的风险。如果处置不当，可能酿成严重后果。因此，本章从小麦期货投资理念、基本投资策略、持仓比例原则、技术分析与基本面分析相结合等方面为投资者提供建议。

一、小麦的基本投资理念有哪些？

除了参与套期保值的涉麦企业以外，小麦期货市场还有很多其他的投资人群，他们或者进行纯投机交易，或者进行套利交易，这些都是投资的范畴。

1. 投机交易。投机是一个很敏感的词，中国人一直崇尚“人勤百业兴”，“投机”一直被列为贬义词，与投机倒把相联系。在西方，“投机”的英语表达是“Speculation”，原意是指“预测”，是一个中性词。但是，从期货市场发展及市场经济体系完善的角度，不管你怎么想，怎么看，投机都是市场经济发展的一种自然选择。在期货市场上，投机交易是交易中不可缺少的组成部分。它起到了增加市场流动性和承担套期保值者转嫁风险的作用，它还有利于期货交易的顺利进行和期货市场的正常运转，它是期货市场套期保值功能和发现价格功能得以发挥的重要条件之一。

投机是期货市场中必不可少的一环，其经济功能主要有如下几点：

(1) 承担价格风险。期货投机者承担了套期保值者力图回避和转移的风险，使套期保值成为可能。

(2) 提高市场流动性。投机者频繁地建立部位，对冲手中的合约，增加了期货市场的交易量，这既使套期保值交易容易成交，又能减少交易者进出市场所可能引起的价格波动。

(3) 保持价格体系稳定。各期货市场商品间价格和不同种商品间价格具有高度相关性。投机者的参与，促进了相关市场和相关商品的价格调整，有利于改善不同地区价格的不合理状况，有利于改善商品不同时期的供求结构，使商品价格趋于合理；并且有利于调整某一商品对相关商品的价格比值，使其趋于合理化，从而保持价格体系的稳定。

(4) 形成合理的价格水平。投机者在价格处于较低水平时买进期货，使需求增加，导致价格上涨，在较高价格水平时卖出期货，使需求减少，这样又平抑了价格，使价格波动趋于平稳，从而形成合理的价格水平。

要掌握期货知识，选择商品，充分了解合约，熟悉交易规则；确定获利目标和最大亏损限度；确保投入的风险资本额度；停止损失，确保利润的存在及增加。

投机交易举例：利用某一品种价格的波动进行投机操作。

①买空投机。

【案例 7—1】

某投机者判断 7 月份的大豆价格趋涨，于是买入 10 张合约（每张 10 吨），价格为每吨 2345 元。之后果然上涨到每吨 2405 元，于是按该价格卖出 10 张合约。

获利：（2405 元/吨 - 2345 元/吨） ×10 吨/张 ×10 张 =6000（元）。

②卖空投机。

【案例 7—2】

某投机者认为 11 月份的小麦会从目前的 1300 元/吨下跌，于是卖出 5 张合约（每张 10 吨）。之后，小麦果然下跌至每 1250 元 /吨，于是买入 5 张合约。

获利：（1300 元/吨 -1250 元/吨）×10 吨/张 ×5 张 =2500（元）。

2. 套利交易。

（1）套利的概念。正如一种商品的现货价格与期货价格经常存在差异，同种商品不同交割月份的合约价格变动也存在差异；同种商品在不同交易所的价格变动也存在差异。这些差异使期货市场的套利交易成为可能。套利，又称套期图利，是指期货市场参与者利用不同月份、不同市场、不同商品之间的差价，同时买入和卖出不同种类的期货合约以从中获取利润的交易行为。在期货市场中，套利有时能比单纯的长线交易提供更大、更可靠的潜在收益，尤其当交易者对套利的季节性和周期性趋势进行深入研究和有效使用时，其功效更大。

套利交易的收益来自下面三种方式之一：在合约持有期，空头的盈利高于多头的损失；在合约持有期，多头的盈利高于空头的损失；两份合约都盈利。

套利交易的损失则来自刚好相反的方式：在合约持有期，空头的盈利少于多头的损失；在合约持有期，多头的盈利少于空头的损失；两份合约都亏损。

（2）套利的特点。①风险较小。一般来说，进行套利交易时，因为所买卖的合约是同种商品，所以不同交割月份的两张期货合约价格在运动方向上是一致的，买入期货合约的损失会因卖出合约的盈利而抵消；或者卖出合约的损失会因买入合约的赢利而弥补。因此，套利交易可以为避免价格剧烈波动而引起的损失提供某种保护，其承担的风险较单方向的普通投机交易小。②成本较低。一般来说，套利是两笔交易，并且这两笔交易是同时发生的，为了鼓励套利，交易所规定套利的佣金支出比一个单盘交易的佣金费用要高，但又不及一个回合单盘交易的两倍。同时，由于套利的风险较小，交易所对跨期套利实行单边收取保证金，大大节省了资金的占用。所以套利交易成本较低。

（3）套利的种类与方法。期货市场的套利主要有四种形式，即跨交割月份套利、跨市场套利、跨商品套利及期现套利。跨期套利即投机者在同一市场利用同一种商品不同交割期之间的价格差距的变化，买进某一交割月份期货合约的同时，卖出另一交割月份的同类期货合约以谋取利润的活动。其实质，是利用同一商品期货合约的不同交割月份之间的差价的相对变动来获利。这是最为常用的一种套利形式。跨月套利与商品绝对价格无关，而仅与不同交割期之间价差变化趋势有关。

具体而言，这种套利又可细分为三种：牛市套利、熊市套利及蝶式套利。

在实际操作中，常用的跨期套利形式有仓单跨期套利、牛市套利、熊市套利。

仓单跨期套利：当远期合约价格大于近期合约价格，且价差大于成本时，买入近期合约、接收仓单，在远期合约卖出，到期交割仓单。计算成本时应考虑交割产生的交割手续费、仓储费、增值税、资金利息等费用。

【案例 7—3】

图 7－1 为根据文华财经套利分析系统截取的郑州商品交易所强筋小麦期货 2008 年 901 合约与 809 合约价差走势图。2008 年 5 月份，郑州某粮油公司买入 809 期货期货合约 200 张，价格 2066 元/吨，卖出 901 合约 200 张，价格 2189 元/吨，价差 123 点，通过套利交易系统以－123 点报入成交。两合约间正常跨月成本＝交易手续费＋交割手续费＋仓储费＋增值税＋资金利息＝2＋4＋36＋14.15＋40＝96（元），预期最低盈利＝123－96＝27（元/吨），由于郑州商品交易所对于跨期套利持仓收单边保证金，按照 10% 的核算为 210 元/吨，无交割情况下，最低收益率为 12.8%，如果价差不回归，交易按照正常接收仓单，年收益率约为 3.9%，高于银行活期存款利率。2008 年 8 月份，809 合约报价 1932，卖出平仓 200 张，901 合约报价 2024 买入平仓 200 张，价差 92 点，通过套利交易系统以－92 点报入成交，实现盈利＝1932－2066＋2189－2024＝31＝－92－123＝31（元/吨），该套利即为所说的正向无风险套利交易。

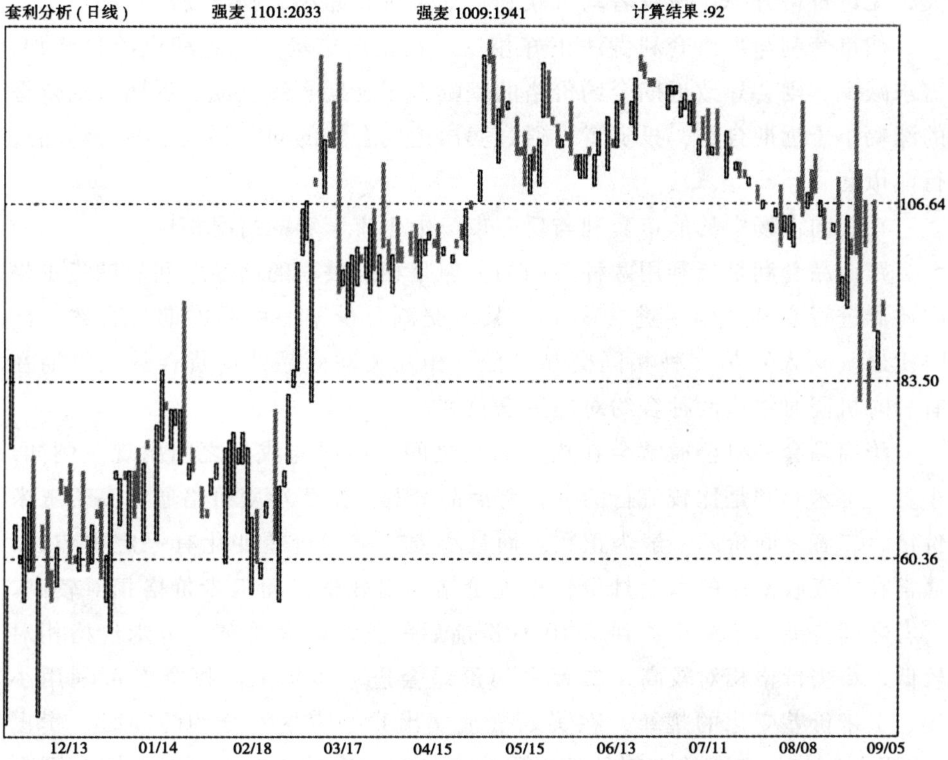

图 7-1 强筋小麦期货 2008 年 901 合约与 809 合约价差走势图

牛市套利即在正向市场上，如果供给不足，需求相对旺盛，则会导致近期月份合约价格的上升幅度大于远期月份合约，或者近期月份合约价格的下降幅度小于远期月份合约，投资者可通过买入近期月份合约的同时卖出远期月份合约而进行牛市套利。待价差缩小，平仓获利结束套利；如果价差不缩小，也可通过交割仓单方式获利。

与单纯的投机交易相比，套利虽然存在盈利被亏损部分抵消的情况，但同时也降低了预测失误而造成的风险。套利的成败取决于价差的变化，与价格变动方向与程度无关。在牛市套利中，无论价格升降，只要不同交割月份的价差缩小就能盈利。

在反向市场上，需求远大于供给，导致现货价格高于期货价格，并连带近期合约价格高于远期合约价格。这种情况下进行牛市套利，只要价差扩大，无论价格升降，投资者均可获利；如果价差缩小，则出现净亏损。

熊市套利与牛市套利做法正好相反。在正向市场上，近期供给量增加，需求减少，则会导致近期合约价格的跌幅大于远期合约，或者近期合约价格的涨幅小于远期合约，投资者可通过卖出近期合约的同时买入远期合约而进行熊市套利。

在反向市场中的熊市套利与反向市场中牛市套利的情况相反。

跨商品套利是指利用两种不同的，但是相互关联的商品之间的期货价格的差异进行套利，即买进（卖出）某一交割月份某一商品的期货合约，同时卖出（买入）另一种相同交割月份、相互关联商品的期货合约，以期在有利时机同时将这两种合约对冲平仓获利。

跨商品套利机会通常会在相关商品之间、原料与成品之间出现。例如，小麦、玉米套利是比较流行的一种跨商品套利。由于小麦价格通常高于玉米价格，二者之间价差一般为正数。而且小麦、玉米价差变化有一定季节性，通常在小麦收割后的六七月份，小麦价格相对较低，而玉米价格相对较高，二者之间价差趋于缩小；到了 10 月份前后的玉米收获季节，玉米价格相对较低，小麦价格相对较高，二者之间价差会进一步扩大。投资者可利用小麦、玉米价差变化的规律，在买入（或卖出）小麦期货合约的同时，卖出（或买入）与小麦合约交割月份相同的玉米期货合约，在有利时机同时平仓获取套利收益。

同样，小麦和棉花、大豆等经济作物之间也存在一定的相关关系，投资者只要经常关注分析不同品种之间价差的变化，一定可以抓住套利交易的良好时机。

跨市套利是指投资者利用同一商品在不同交易所的期货价格的不同，在某个交易所买进（或卖出）某一期货合约的同时，在另一交易所卖出（或买进）同一交割月份的同种商品合约，以期在有利时机分别在两个交易所平仓获利。

跨市套利与跨期套利的基本原理相同。当同一商品在两个交易所中的价格差额发生短期变化时，投资者可以买入相对价格较低的合约，卖出相对价格较高的合约，在期货价格趋于正常时平仓，赚取低风险利润。

跨市套利在操作时应特别注意运输费用、品级差异、交易单位与汇率波动、保证金、手续费等因素，以便正确判断两个合约之间的价差关系。

期现套利是指某种期货合约，当期货市场与现货市场在价格上出现差异，投资者可利用两个市场买低卖高，从而缩小现货市场与期货市场之间的价差。期现套利即我们在基差交易中所说的期现价差交易。

在正常情况下，交割当月或临近月份交割的合约价格与该商品的现货价格相差很近，如果到期的期货合约价格与该商品在现货市场的价格相差很大，那么交易商能通过往返于现期货市场而轻易赚钱。比如，如果到期小麦期货价格明显高于现货价格，投资者只需在期货市场卖出小麦期货合约，在现货市场买入小麦用于期货交割，支付较少的手续费和交割费，获得无风险收益。

现期货市场间的套利，有利于抑制期货市场的过度投机，有助于期货价格与现货价格的趋同。但是，现期货市场间的套利交易与套期保值交易不同，套期保值的基本原理是，当期货合约临近到期日时，现货价格与期货价格趋向于一致，套期保值交易者是通过平仓交易，来回避价格风险的。现期货市场间的套利则完全相反，它是利用在合约到期时期、现货价格之差，进行实物交割，来获取投机性利润的。

二、中长期趋势投机者如何发现并抓住趋势?

期货交易的方式比较多，而且都有获利的机会，这也正是期货的魅力所在。期货市场本质上是机会市场，机会的获得需要找到有效且适合自己的交易系统，且需要根据投资者的性格和小麦的特性来确定自己到底适合什么样的交易方式。长线交易主要注重对于小麦价格趋势的把握，并且需要顺势而为。小麦的炒作题材可分为长线题材和短线题材两种，长线题材是趋势性题材，构成小麦期货价格波动的骨架，短线题材是市场的润滑剂，为短线客提供一个短期炒作的空间。小麦市场的长线题材主要包括，我国政府对于农业的政策取向，宏观经济形势，供求关系变化等。小麦是一个大品种，受人为操作的可能性较小，其行情变化更多地受到供求关系的影响，而影响小麦供求的因素又非常复杂和微妙，因此更适合机构投资者进行深入细致的调查、研究和分析，也更适合大资金的运作，把握趋势性节奏，获得长线价差利润。对于长线来说，日内短线的波动关系就不是那么大了，因此长线投资者并不一定需要频繁地监视和修改交易策略。

【案例 7—4】

2008 年 7 月，国务院常务会议通过了《国家粮食安全中长期规划纲要》，显示了国家发展农业生产的信心和决心。未来粮食生产规模必然在政策推动下继续有序扩大，小麦作为主要粮食品种，其生产购销状况必然发生大的变化。我们知道，农民种植小麦的实际收入主要取决于种植成本、预期价格和粮食补贴三个部分。由于缺乏库存能力，农村夏粮一般选择接受国家收购。因此，国家小麦最低收购价格和种粮补贴将直接决定农民的生产积极性。2008 年，农产品价格上升，小麦保护价格提升到每千克 1.50 ~ 1.60 元的水平，可提升效益农民种粮效益 7% ~14%。但 2008 年以化肥为主的农资价格大幅上涨，小麦种植期平均成本也超过了 10%。因此，当年的农产品牛市对农民增收有限。投资者对于小麦价格的长期趋势把握也应以看涨为主，选择合适的时点逢低做多。还要考虑到的是，如果我国能够顺利度过通货膨胀期，化肥等农资价格可以得到抑制，则按国家逐年加大政策补贴的趋势，小麦生产会变得有利可图，农民生产积极性将得到提高。老刘看准了这次长线做多的机会，于 2008 年 10 月以 1900 元/吨的价格买入 1001 期货合约，并于 2008 年 12 月换月至 1005 合约，此时 1001 合约的价格已至 1940 元/吨附近，而 1005 合约价格在 2130 元/吨附近，相当于当前 1005 合约的持仓成本在 2090 元/吨的水平；而到了 2009 年的 12 月份再将 1005 合约的持仓平掉换月至 1009 合约，当时 1005 合约的价格是 2190 元/吨，1009 合约的价格在 2260 元/吨附近，当前他的持仓成本大约是在 2060 元/吨。2010 年 3 月，老刘选择平仓离场，此时 1009 合约价格在 2280 元/吨附近，通过这一波长线持仓操作，他的利润达到了每吨 200 元左右（扣除手续费），对于老刘来说虽然期间经历了一年半的时间，但是基于政策而作出的判断让他受益匪浅。

【案例 7—5】

2007 年，产区的恶劣天气情况为夏收作物的小麦价格带来上涨动力。新年度小麦自播种以来尽管天气时有异常，但是由于后期的补救及时，对产量影响不大。然而，随着新麦上市的临近，产区再度遭遇灾害性天气——干旱、干热风。河南北部及山东南部地区出现了一定的倒伏现象，这对小麦的产量影响较大。有消息称，河南省受旱面积3100万亩，严重受旱960万亩，近300万亩无法播种早秋作物，40万亩春播农作物已干枯，山区部分小麦受旱减产已成定局。据了解，河南南部信阳、南阳、驻马店等地局部地区小麦已开始收割，已收割麦田单产同比降低。根据这样的消息判断，恶劣天气的炒作演变为对新季小麦仓单供应量的炒作，预计将引领小麦期货价格走出一波新行情。老张于2007年5月以1770元/吨的价格介入709期货合约，经过一个月的盘整，6月28日上午临近收盘前，强麦709突然启动拉升，在短短的几分钟内，期价从1735附近急剧拉抬到1780，创强麦自上市以来的单位时间最剧烈升幅，而接下来的7月12日，强麦709再次演绎之前的快速拉抬手法，数分钟内，期价从1780附近急剧拉抬到1830附近。7月27日，强麦多头主力再次借资金优势大单挂出，强麦709跳空高开，瞬间价位达到1905元/吨的高位，期货和现货之间的价差达400元/吨之巨。此时临近交割月且期现价差已经相当巨大，如价差再拉大也是资金炒作的因素了，此刻老张果断离场，中线利润紧握手中，赚的盆满钵满。

三、期货投资要考虑哪些因素?

期货市场中的普通投资者，以中小户为主。他们中的绝大部分人虽然花费了大量的时间、精力与财力，但结果仍是铩羽而归。期货市场真的不适合普通投资者参与吗？答案是否定的。那么，普通投资者如何在这个市场中获利呢？要回答这个问题，不妨先来看看什么样的人能够在期货交易中获利。

通过对成功的交易者的分析可以看出，要想做好期货投资，至少应具备以下几方面的素质：

第一是行情分析与研判能力。这种能力表现为，对经济学理论基础及国家宏观经济形势的把握，对期货市场及相关市场的各交易品种长、中、短期走势的判断。第二是理性的操作策略。这包括正确的交易原则，保证金的合理分配、使用方法，以及严格的风险控制措施。第三是规律性较强的交易手法，如对各种不同行情的出市、入市选择，对交易中可能出现的问题的处理能力以及各种操作技巧的灵活运用。第四是心理素质及把握个人性格特点的能力，要时刻以冷静的头脑和理性的思维方法去面对市场，有较强的“定力”。第五是对市场规律及经验的及时总结与反思的能力。

在这几种能力中，第一种能力直接决定交易者对行情预测的准确程度，而后几种能力则保证交易者在预测正确时能取得更满意的交易成果，在预测失误时则能有效减少损失。其实，在期货市场中，没有一个人可以做到百分之百准确地预测行情，但合理的操作确实是每一位参与者通过努力都可以做到的。

知道了“专业选手”的成功所在，那怎样才能成为成功的期货投资者呢？笔者认为以下这些方法和规则对于没有雄厚背景和资金实力的普通投资者参与期货交易是有帮助的。

规则一：严格控制交易风险。普通投资者要想在期货市场中获利，第一要务是控制风险。用严格有效的方法控制交易风险是获利的前提与基础，是期货交易中所要遵守的最重要规则。那么，如何才能有效地控制交易风险呢？首先要建立风险意识。做期货交易必须明白，交易风险是客观存在的，对于每一个参与者的每一笔交易都一样。普通投资者要着重控制的交易风险主要有以下几种：

第一，政策性风险。在运行过程中，常常出现一些问题，其中很大一部分是目前期货市场自身的调节功能所无法解决的，只有靠宏观管理部门的政策措施加以解决，而这些政策与措施必然影响到品种价格的走势，可能会给参与者带来影响。因此，在操作过程中，当发现期市价格与商品价值发生严重背离时，要谨慎入市，切忌盲目追涨杀跌。

第二，预测性风险。这是指对品种价格走势的判断失误所造成的风险。规避预测性风险一定要注意几个问题：做单要有依据，摒弃主观性的成分，切记逆势做单，在价、量、持仓配合较好的市况中，要顺势而为，当预测失误时，要及时通过操作手段改错，例如止损、反向追单或离场观望。

第三，操作性风险。在制定合理的交易策略时，一定要注意几个问题：首先，期货价格的决定因素是买卖双方的力量，它不同于股票。做期货交易，首先要解决的问题是做多还是做空，其次是何时平仓。因此，做期货要考虑的因素多于股票。其次，期货交易受保证金制约。再次，期货价格不等于现货价格，期价的运行最终取决于市场上多空双方的力量。

由于对以上几个问题的认识不够，交易者常常犯一些操作上的错误，比如保证金使用不合理，盲目打满仓，抗浮亏，主观臆测期价顶、底等，一旦犯了这些错误，常常引发较大的交易风险。

规则二：计划做单，严守纪律。期货价格是由买卖双方的力量决定的，市场行情瞬息万变，波动较大，交易者如果没有良好的心理状态和充分的思想准备，往往会茫然不知所措。笔者认为，经验尚不丰富的普通投资者，不妨每天花些时间，通过以下的简单方法制定自己的操作计划：

（1）采用由长至短的方法研究月、周、日线图，搞清楚目前行情所处的环境和位置。

（2）研究成交量、持仓量与价格之间的配合程度，预测下一步行情延续或反转的可能性有多大。

（3）研究各种技术指标所揭示的信号特征。

（4）寻找价格上的支持与阻力线。

（5）预测第二天开盘价位置。

（6）根据持仓、成交以及价格的支持、阻力作用预测第二天的升跌势。

（7）结合当日可能收集到的信息调整所作的预测。

（8）根据作出的各种可能性预测，考虑如何处理已持有的头寸。

（9）根据个人的保证金，考虑在各种预测的可能情况下如何建立新的头寸。

（10）制定防范风险的措施。

当然，单纯地制定交易计划并不能完全保证在市场中获利，还应该根据实际情况调整计划，对看不明白的行情可以不必介入，切忌在没有思想准备的情况下盲目跟风。

在实际操作过程中，交易者还要注意的一件事就是要遵守纪律。守纪律的含义就是要有原则地去进行交易。在所有交易原则中，普通投资者必须遵守的有两点：一是止损原则，二是获利平仓原则。前者决定你能否以有限的资金获得更多的机会，后者则决定你能否有效把握住机会，让自己的资本有效增长。

有人说，不懂得止损就等于不会做期货，笔者深有同感。在这一点上，首先要解决的是能不能、愿不愿止损的问题。也就是说，交易者首先要认可及时止损是一个重要的交易原则，然后再去谈如何止损的问题。普通投资者要遵守的另一个原则是获利平仓。试想，如果你头脑中根本没有获利平仓，让自己的资金稳步增长的观念，也没有何时平仓的计划，那么你的交易结果必然是随机的。

规则三：以短线交易为主。何谓短线交易？短线交易的含义应包含两个方面：一是交易过程时间较短，二是交易的目标区幅度较小。从时间上讲，期货交易持仓超过两日的交易即可视为中线交易，而一周以上的交易过程已是长线了。从交易的目标区来讲，短线交易的回报与止损设置一般不应超过保证金的50%。

接下来的问题是如何进行短线交易。第一，要选好交易品种。短线交易适合在波动较快、交易较活跃的品种中操作。波动较快的品种才有短时间获利的可能。第二，从事短线交易，不要同时涉及两个以上的交易品种。交易两个以上的活跃品种，往往会分散精力，影响操作，同时也不利于保证金的分配。第三，要注意建立明确的做单依据。技术分析方法比较适合短线交易。在操作过程中，投资者一定要注意分时图的使用，在做好长线研究的前提下，利用技术指标确立短线出入市时机。第四，明确止损观念，切忌亏损时“短线变长线”。普通投资者中常出现的一个问题是赚小钱亏大钱。究其原因，不及时止损是最主要的。第五，在资金较充裕或保证金水平已得到稳定增长的情况下，可考虑使用复合头寸，即合理分配保证金，采用长短结合的手法，争取更大的收益。

规则四：把握出入市原则：第一，首先要认清大势。逆势交易常常会令普通投资者吃尽苦头。其实，发现势的方法很简单，一是看基本面，二是看图表（尤其是移动平均线），三是看盘面，看价格与持仓、成交量配合的程度。如果三者基本统一或有两者统一，那么，这种“势”就基本可以得到确认。第二，要明确自己的入市理由。第三，利用支持、阻力位做短线。第四，合理利用保证金，确定可能的盈亏比。很多有经验的交易人员认为，在某一个品种上所持有的单边交易头寸不应超过总资金量的30%。在制定资金使用原则的同时，要客观地判断本次入市的可能盈亏比例。在中长线交易过程中，只有盈亏比例大于3∶1时方才入市交易，而短线交易由于目标区较小，盈亏比为2∶1时即可入市。

几乎每一次入市，持仓头寸都会马上出现盈亏，合理正确地处理盈亏是交易胜负的关键。这也就是出市的问题。

出市原则。短线交易盈亏目标区较小，因此，当价格达到赢利目标或止损点时，毫不犹豫地平仓出市是一种较容易的做法。中长线交易常使用的处理浮盈头寸的方法有三种：一种是在较关键的价位出现不利于持仓头寸的迹象时全部获利了结。这种方式常发生在浮赢与持仓保证金已成1∶1时，即回报率达100%。第二种是逐渐平掉获利头寸。第三种方法的技巧要求最高，即不平掉已有头寸，而在出现较高浮盈（一般为所投入保证金量的100%～1500%）时，根据行情，采用建立反向头寸，锁仓的方式锁定浮盈，争取在行情的进一步发展中获得更高利润。

至于亏损的处理方法，应在操作中严格把握如下原则：（1）浮亏时决不在亏损头寸方向加码。（2）短线交易中的亏损头寸绝对在当日处理，做到亏损单不过夜。（3）有计划进行的中长线头寸必须设止损点，无论何时，价格只要到达预先设定的止损点，一定严格执行纪律。

总之，就是有效控制交易损失，将每一分钱的损失都置于自己的预先设计之中。如果真能做到这些，投资者会发现，交易亏损并不那么可怕。

规则五：培养良好的交易心态。如果交易者有了下述想法和表现，往往意味着在进一步的交易中将蒙受损失。

（1）没有别的行业能像期货交易这样给我提供“暴富”的机会。

（2）反正已经亏了不少，干脆就“赌”一把。

（3）最近交易连续获利，趁着运气好，下大手数，多捞点儿。

（4）到止损价位时，再看一下，说不定能回来。

（5）执行了止损指令，行情却出现向原持仓有利的方向发展，于是追悔莫及，“我为什么要止损，还不如扛一下”！

（6）在未作任何准备、计划的情况下，凭感觉入市交易。

（7）保证金使用比例随着亏损加大而变得越来越高。

（8）出现亏损后，用客观原因加以解释，并有“期货交易太难了，普通投资者不可能盈利”的想法。

以上这些情况虽然出现原因各异，但其不良的影响是客观的。交易者在操作过程中应对这些信号加以注意，并及时纠正不良的心理反应。

四、如何控制期货持仓比例？

期货投资中的资金管理是期货投资能否成功的关键环节。做期货，保证金交易是基本属性，所以投资者在考虑操作一个期货合约的时候，必须考虑的问题就是手上应该留下多少资金，以保证在操作过程中不会因短期价格大幅波动而被强行平仓。投资者应自觉做到用理性控制赌性，关键就是要管理好账户资金，控制好自己的持仓比例，把期货交易作为投资理财的工具，而不是当作一种赌博工具。所谓资金管理是指严格控制期货投资使用资金的比重，使之不超过一定限度，其主要目的是通过对头寸规模的限制来控制总资金面临的风险。

资金管理可分为三个层次，第一个层次是控制投入到所有品种的资金占总资金的比例，使之不超过某一水平，在实际运用中比较常用的控制比例是50%，即总的占用资金不超过账户资金的50%。第二个层次的资金管理是控制投入到一个市场群中的资金比例，比较常用的限额是25%或30%。第三个层次的资金管理是控制总资金投入到单个品种的资金量，使之不超过某一限额，一般使用的控制比例是10%～15%。

资金管理是期货交易中一个十分重要的保护策略，因为期货价格变幻莫测，价格波动剧烈，加上保证金交易的杠杆作用，市场风险成倍放大，如果投资者不注重对投入资金的有效控制，经常重仓或者满仓操作，市场价格出现较大的不利变动就会使投资者损失惨重，失去再次操作挽回损失的机会。但是，如果严格控制资金，单次操作投入资金量较小，即使交易部位有很大的亏损，总资金也仍然是比较安全的，还有挽回损失的机会，不至于一招失利满盘皆输。

投资组合的管理问题比较复杂，乃至于必须借助复杂的统计学方法才能说得清楚。这里只是简单的讨论这个问题。以下罗列了一些一般性的要领，旨在为进行资金分配及决定每笔交易应注入的资金量等工作提供帮助。

1. 投资额必须限制在全部资本的50%以内。这就是说，在任何时候，交易者投入市场的资金都不应该超过其总资本的一半，剩下的一半是储备，用来保证在交易不顺手的时候或临时支用时有备无患。比如说，如果账户的总金额是10万元，那么其中只有5万元可以动用，投入交易中。

2. 在任何单个的市场上所投入的总资金必须限制在总资本的10%～15%以内。因此，对于一个10万元的账户来说，在任何单独的市场上，最多只能投入1万～1.5万元作为保证金存款。这一措施可以防止交易商在一个市场上注入过多的本金，从而避免在“一棵树上吊死”的危险。

3. 在任何单个市场上的最大总亏损金额必须限制在总资本的5%以内。这个5%是指交易商在交易失败的情况下将承受的最大亏损。在决定应该做多少张合约的交易，以及应该把止损指令设置在多远以外时，这一点是交易者重要的出发点。因此，对于10万元的账户来说，可以在单个市场上冒险的资金不超过5千元。

以上是在正常市场环境中的资金持仓比例，而为了防止突发状况的来临，持仓结构需要进行相应的调整。

【案例7—6】

最有力的一个案例，就是2008年10月的那次事件。贝尔斯登、雷曼兄弟、美林……如果给这次危机中倒下的公司立一块碑，大概需要很大一块石头。2008年9月下旬以后，关于次债危机，关于金融企业破产的新闻就充斥着各大财经媒体的主要版面。不过，期货市场至少在9月并没有作出过于激烈的回应，毕竟7月以来整个市场一直处在下跌的状态。一些经济学家也表示，金融危机并不会蔓延成为实体经济的危机，尽管有迹象表明作为实体经济的代表，美国汽车三巨头这个时候已经非常困难，至少在当时，还少有人意识到问题的严重性。随着陷入危机的银行及其他企业的不断增多，人们对于更大规模的经济危机的恐慌进一步加剧，进入10月，这种恐慌终于转变为对于需求降低的强烈忧虑，期货史上著名的一场商品价格暴跌展开。遗憾的是，暴跌开始的第一周，我国正在过“十一”长假，因此，10月6日开盘的时候，已经被外盘落下很大的跌幅。对于国内而言，大宗商品价格集体暴跌，2008年10月6日，强麦期货出现跌停的行情（见图7－2），市场风险放大。因此，控制好持仓风险应在长假前做好准备。金融危机影响之前的几个月时间一直以阴跌为主，在此基础上留仓过节应主要以顺势为主，并防止期间发生极端事件，仓位控制应更加谨慎，轻仓（10% 左右的持仓）过节为宜。

图 7－2　2008 年 10 月 6 日郑州强麦期货节后第一天跌停报收

五、如何保持良好的心态？

期货的投机交易，心态最重要，一旦信心丧失，一个投资者就无法坚持执行自己的交易策略，而是无所适从或者依赖他人的观点，最终不仅赢得稀里糊涂，输得莫名其妙，而且自己的水平和对自己策略的使用经验和信心也一点没有增加。

自期货市场产生以来，失败者不计其数，而成功者却屈指可数。要想在期货市场生存并成为最终的成功者，交易时的心态很重要。要克服人性的弱点——贪婪和恐惧，要战胜自我，超越自我，培养良好的心理素质。期货市场变幻莫测，虽有各种基本面的消息和技术图表等分析工具，但谁又能处处正确把握且洞察先机呢？能在期货市场赚钱，与其说抓住了行情，不如说是把握住了自己。

【案例 7—7】

一个投资者从 1998 年开始做期货，投入了 20 万元，先是小有斩获，尝到了甜头，就通过熟人又借来 50 万元，想大干一场，孰料天不遂人愿，没多久就亏了一半。他当时翻本的心理越来越重，心态越来越坏，每天盼望着交易所开盘，又害怕开盘，不知道当天行情是涨还是跌，坐在屏幕前紧张的手脚都不由自主的哆嗦起来，心态已经完全做坏了，最后的结果可想而知。

每个人都有自己的弱点，每个人的思维也都是有局限性，贪婪和恐惧几乎是人类的共性，只是程度不同罢了。克服人性的弱点，战胜自我，在期货市场上保持一个平和、理性的心态，是期货投资者驰骋疆场、积累财富的前提条件。

第一，尽量以平常心参与交易。任何投资者参与期货交易，其终极目的都是为了获利，但关键在于如何看待实现目的的过程。实际的表现就是要正确看待盈亏，要对可能产生的风险、亏损有心理准备和防范措施，对出现的交易盈利也要加以正确地分析和总结。

第二，克服"想盈怕输"心理。要认识到盈输都是期货交易的正常结果，无法回避，只有凭借稳定的心理素质和理智的思维方法才能获利，否则，即便你投入的资金、精力再多，也仍然要失败。

第三，通过理性的操作方法克服人性贪婪和恐惧的弱点。我们可能无法做到大彻大悟，但我们可以通过制定交易纪律（操作方法）来回避这些。

六、技术分析有缺陷吗？投资者应如何正确运用技术分析工具？

技术分析是指以市场行为为研究对象，以判断市场趋势并跟随趋势的周期性变化来进行期货交易决策的方法的总和。技术分析认为市场行为包容消化一切。这句话的含义是：所有的事件，无论是经济事件、社会事件、战争，还是自然灾害等，作用于市场的因素都会反映到价格变化中来。所以，技术分析认为只要关注价格趋势的变化及成交量的变化就可以找到盈利的线索。技术分析的三大假设包括：市场行为涵盖一切信息；价格沿趋势移动；历史会重演。技术分析方法是市场经验的科学总结，经过现代市场几代人的研究、创新和发展，技术分析方法体系愈加成熟和完善。然而，技术分析方法也有其局限性。例如，一种技术分析方法不是万能的，它可能只适合于某一市场环境，而对于另一种市场环境无能为力，甚至会导致错误。因此，正确认识和深入理解技术分析方法的特点，掌握每一种技术分析方法所适用的市场环境，是有效应用技术分析方法的关键。

常见的错误认识和错误应用包括：

(1) 过分依赖技术分析的结果。有一些投资者认为技术分析应该是准确无误的分析工具，所以迷信某一种分析方法得出的预测结论。

(2) 把某种分析方法作为市场预测的万能工具。有一些投资者这样认为：每一种技术分析方法都可以应用到任何市场环境中。例如，他们不管市场是有趋势还是无趋势，都要看移动平均线，或者不管波浪形态清楚与否，都执着地数浪。很明显，移动平均线方法一般适用于有趋势的市场，但如果用于震荡盘整市场，它提供的买卖信息则大多是伪信号，投资者如果用这些信息做交易，就会受到“左一巴掌，右一巴掌”的惩罚。一些投资者在交易中“买也赔钱，卖也赔钱”，原因大概出于此。波浪分析方法是投资大师们公认的、最好的、最有价值的技术分析方法之一，但它也不是万能的。实践中，我们经常看到，有时市场波浪行进形态很清晰，非常易于辨认和数浪，但当市场过于强势时，波浪的延伸、再延伸使数浪者迷茫；当市场处于无趋势的盘整时期，调整浪存在多重性和多种结构，这使得数浪十分复杂或容易数错。

(3) 忽略市场环境，错用技术分析方法。有一些投资者不考虑市场环境，片面、习惯应用自己所熟悉的技术分析方法，比如习惯应用移动平均线和随机指标（KD 指标）等，对其他分析方法的应用缺乏研究。有的投资者还习惯使用单一的分析方法，忘记了道氏“不同分析方法要相互印证”的教诲。

对于技术分析正确的认识和理解包括：

(1) 技术分析方法是一面镜子，历史会重演，但决不是单纯的重复。

技术分析方法的出现使人们可以借助市场的历史信息，对今后市场的变化进行推断预测。技术分析方法的开创者们认为，“历史会重演”，但是这种重演绝不是简单的重复。

（2）技术分析多以统计分析为手段，其分析结果是一种概率事件，并非绝对事件。这一认识十分关键，它可以使你客观、辩证地对待每一种技术分析的结果，少犯错误。

【案例 7—8】

甲、乙两位著名分析师在某日收市后，根据郑州强麦期货市场内在信息分析次日郑麦期货走势。甲预测价格上涨，乙预测价格下跌，谁的预测准确？只能由次日郑麦期货价格走势裁定。这个例子说明，市场分析结果仅仅是一种预测，有可能对也有可能错，应该把这种预测结果作为制定投资计划的依据，但在计划中必须作好应对预测结果错误的准备。投资计划中的止损项目正是防止分析结果出错的必要措施。

（3）每一种技术分析方法都有优缺点，并且都各自适用于一定的市场环境，而非适用于所有的市场。例如，趋势指标（移动平均线方法等）适合于在有趋势的市场使用。在盘整市场，一般来说，其应用价值会降低。摆动指标（强弱指数、随机指数等）适合于盘整行情，在有趋势的市场行情中应用价值降低。所以，技术分析方法没有优劣之分，只有对特定市场适用和不适用的区别，不要轻易放弃某种方法，也不要随意应用某种方法。投资者一定要掌握技术分析方法的应用特点，针对不同的市场环境，选用不同的分析方法。

用好技术分析方法要注意以下几个要点：

（1）对每一种技术分析方法都要认真学习，深刻理解，在掌握方法基本应用知识的同时，要着重弄清它的优缺点和适用的市场环境。在市场分析中选用某一种分析方法就像医生治病和用药一样，对不同的疾病要采用不同的治疗方法，对不同的病症要用不同的药方。一个药方虽不能包治百病，但它对某类病症能起到药到病除作用。同理，一种技术分析方法虽不能对所有的市场进行有效预测，但它对某一类市场的预测则是十分有效的。所以，一定要用每一种分析方法的长处，避开其短处，谨防错用。

（2）重视不同方法之间的相互印证。技术分析方法鼻祖道琼斯在叙述他的理论时，特别强调不同方法之间的相互引证分析。这是技术分析的一个重要法则。波浪理论大师伯切特是美国期权交易比赛冠军，他善于在市场上抓顶抓底操作。据介绍，他是用周期分析、波浪分析和相反理论的相互印证方法判断市场的阶段性顶底的。用技术分析方法分析市场大趋势时，需要用基本面来印证。市场是复杂和千变万化的，简单分析必然容易出错。

（3）一定要有自己会出错和改正错误的思想准备。实践证明，无论怎样严密分析，出错的可能性仍然存在。预测只能提供事件的可能性，不能提供事件的确定性，分析结论必须由市场印证。不要迷信你的分析，当市场已经证明你错了，你一定要坚决、果断地改正。

七、如何把握小麦的基本面信息？

小麦期货行情和现货基本面结合得非常紧密，受市场供求影响很大。小麦是个大品种，受人为操纵的可能性极小，其交易更能体现“三公”原则，所以中小投资者在做单时不要违背基本面。当然，要想准确把握住国内小麦市场的基本面，除了需要了解国内小麦的供求关系、小麦生产的成本及优质小麦的质量状况等情况以外，还必须清楚国内小麦市场基本上还是政策市，国家的政策取向是小麦期货行情的生命线，市场因素发挥的作用有时居次要地位。过去几年的小麦行情有时跟外盘走，也有时跟内盘其他品种走，但主要是依照我国实际市场状况而定。其原因是，这不是主观的人为因素决定的，而是客观的国内小麦市场基本面决定的。

自 测 题

一、填空题

1. 在期货市场上，投机交易是交易中不可缺少的组成部分。它起到了__________和__________的作用；它还有利于期货交易的顺利进行和期货市场的正常运转；它是期货市场套期保值功能和发现价格功能得以发挥的重要条件之一。

2. 某投机者认为11月份的小麦会从目前的1300元/吨下跌，于是卖出5张合约（每张10吨）。之后小麦果然下跌至每1250元/吨，于是买入5张合约。此时投资者获利__________元。

3. 套利，又称套期图利，是指期货市场参与者利用不同月份、不同市场、不同商品之间的__________，同时买入和卖出不同种类的期货合约以从中__________的交易行为。

4. 要想做好期货投资，应具备的素质的有：________、__________、__________、__________、__________。

5. 所谓资金管理是指严格控制期货投资使用资金的比重，使之不超过一定限定，其主要目的是__________。

6. 技术分析是指以__________为研究对象，以判断市场趋势并跟随趋势的周期性变化来进行期货交易决策的方法的总和。

7. 套利的特点：__________和__________。

8. 期现套利是指某种期货合约，当期货市场与现货市场在价格上出现差距，投资者可利用两个市场买低卖高，从而缩小现货市场与期货市场之间的价差。期现套利即我们在基差交易中所说的__________。

二、多项选择题

1. 期货套利的方法有(　　)。

A. 跨商品套利　　B. 跨期套利

C. 跨市场套利　　D. 跨日套利

2. 资金管理可分为(　　)三个层次。

A. 控制投入到所有品种的资金占总资金的比例

B. 控制投入到一个市场群中的资金比例

C. 控制总资金投入到单个品种的资金量

D. 控制投入到某一个品种的资金占所有资金的80%

3. 现期货市场间套利的好处有(　　)。

A. 抑制期货市场的过度投机

B. 方便参与实物交割，交易更灵活

C. 有助于期货价格与现货价格的趋同

D. 获取投机利润

三、判断题

1. 不懂得止损就等于不会做期货。（ ）

2. 技术分析认为市场行为包容消化一切。也就是说所有的事件，无论是经济事件、社会事件、战争还是自然灾害等等作用于市场的因素都会反映到价格变化中来。（ ）

3. 小麦和棉花、大豆等经济作物之间虽然也存在一定的相关关系，但是无法进行套利交易。（ ）

4. 小麦是一个大品种，但强麦是小品种，因此容易受人为操作，因此不适合长线投资者投资。（ ）

参考答案

一、填空题

1. 增加市场流动性　承担套期保值者转嫁风险

2. 2500　　3. 差价　获取利润

4. 行情分析与研判能力　理性的操作策略　规律性较强的交易手法　心理素质以及把握个人性格特点的能力　对市场规律及经验的及时总结与反思的能力

5. 通过对头寸规模的限制来控制总资金面临的风险

6. 市场行为　　7. 风险较小　成本较低

8. 期现价差交易。

二、多项选择题

1. ABC　　2. ABC　　3. ABCD

三、判断题

1. 对　　2. 对　　3. 错　　4. 错

后　记

本书是以期货投资者为主要服务对象编写的一本普及性读物，对各类机构投资者而言，如何根据自身经营需求有效进行套期保值也是他们需要认真考虑的问题。本书提供了一些值得借鉴的应用案例，因此亦可供期货从业人员和企业决策者参考。

本书遵循基础性、通俗性、实用性、规范性原则，力图用通俗易懂的语言和案例说明问题，尽量避免深奥晦涩的理论性阐述。针对小麦种植、收购、经营、消费等各个环节的具体情况，本书着重介绍实体企业如何充分发挥期货市场的独特功能来规避价格风险、创新经营模式。同时，本书结合小麦行业的特点，从供求关系入手，详细介绍影响小麦期货市场状况的各方面因素，为投资者提供参考。

需要说明的是，“期货有风险，入市需谨慎”。由于本书篇幅有限，无法一一尽述相关企业和投资者在期货市场上可能面临的所有具体情况，因此企业参与套期保值务必结合自身经营需求，制定科学合理的交易策略，并严格控制交易规模，切忌“以套保之名，行投机之实”。同时，普通投资者在决定参与期货交易前，应审慎评估自身能力，尽可能熟悉并掌握交易品种的市场特点及操作技能，以便规避风险。

作为《期货投资者教育系列丛书》之一，本书由中国期货业协会组织编写。具体的编写人员通过公开遴选，并经过专家评审最终确定。本书由中粮期货有限公司佟远明、柴宁同志承担编写任务。在编写过程中得到中国证监会投资者教育办公室、期货二部，郑州商品交易所和中粮期货有限公司领导的支持和帮助，在此表示衷心感谢！书中错误之处，敬请读者批评指正。

中国期货业协会
《期货投资者教育系列丛书》编委会
2011 年 10 月 17 日